红色记忆® 20

浴血保卫中央苏区

海南省文化交流促进会　编

南海出版公司
2012·海口

图书在版编目（CIP）数据

红色记忆·第1辑·20 / 海南省文化交流促进会编.
-- 海口：南海出版公司，2012.11（2025.1重印）
ISBN 978-7-5442-6104-3

Ⅰ.①红… Ⅱ.①海… Ⅲ.①革命传统教育—中国—青年读物②革命传统教育—中国—少年读物 Ⅳ.①D642-49

中国版本图书馆CIP数据核字（2012）第255850号

HONGSE JIYI · DI 1 JI · 20

红色记忆·第1辑·20

作　　者　海南省文化交流促进会
总 策 划　刘　栋
顾　　问　贾延岩
执行总编　任在齐　张　桐　张爱国
责任编辑　聂　敏
封面设计　郑广明
排版印务　何怡欣
发行总监　杨成春
出版发行　南海出版公司　电话：（0898）66568508　66568511
社　　址　海南省海口市海秀中路51号星华大厦五楼　邮编：570206
电子信箱　nhpublishing@163.com
经　　销　新华书店
印　　刷　天津睿意佳彩印刷有限公司
开　　本　787毫米×1092毫米　1/16
印　　张　6.25
字　　数　100千字
版　　次　2012年11月第1版　2025年1月第2次印刷
书　　号　ISBN 978-7-5442-6104-3
定　　价　39.80元

序

对历史无知的人，没有真正的信仰可言；没有信仰的人，不可能拥有美好的理想，不可能胸怀崇高的情感，也就不可能担负起任何责任。用欲望文化代替历史教育，足以使一个国家的青年被腐蚀、使一个民族的希望被毁掉，使这个国家和民族被永世万代地奴役！

鉴于此，我们呼唤历史，唤回那段属于二十世纪的“红色”历史，唤回那段炮火硝烟、颠沛流离的历史，唤回那冲天的狼烟留下的悲壮回忆、岁月年轮沉淀的斑驳痕迹。历史不应该被忽略，更不应该被遗忘，牢记那段革命战争年代的红色历史更是责任。为了那些不应该被忘却的记忆，为了那些不应该被丢弃的信念，于是就有了这套《红色记忆》丛书。

曾记否，当草鞋与意志丈量出来的两万五千里穿越一个伟大民族五千年的荣辱兴衰，革命的火种被一路播撒、一路点燃。人迹罕至的雪山、荒无人烟的草地被鲜血浸透，衬映出一段光辉的里程；万水千山早已被远远地抛在身后，一轮红日在黄土高原磅礴而起。满目疮痍的河山在1936年10月温暖如春……

曾记否，当生命和鲜血浸染的十几年光阴将一种记忆铭刻进一个伟大民族的历史画卷，革命的火焰从星火到燎原。这栏杆拍遍、易水悲歌般的呼号，这折戟沉沙、慷慨赴义的悲壮，这铁马冰河、枕戈待旦的苦战，这红旗漫卷、所向披靡的豪迈……腔腔热血、铮铮铁骨早已被熔铸成一座不朽的丰碑，中华民族从苦难中百死后生的壮丽诗史凝结成了五星闪耀的红色记忆。

曾记否，中华人民共和国成立以来，又有无数英烈接过前辈用鲜血染红的旗帜，或壮怀激烈戍边卫国，或忠于职守鞠躬尽瘁，或绝甘分少奉献大爱，甘做国家强盛、人民富裕的铺路石，成为和平年代民族复兴的荣光，把人民心中的红色记忆浸染得分外鲜艳，永不褪色。

这红色记忆，是信念不衰、志向不改的崇高气节；这红色记忆，是无私无我、生属苍生的博大胸怀；这红色记忆，是敢为人先、披荆斩棘的拓荒精神；这红色记忆，是中华民族最宝贵的精神财富。它告诫我们，人事有代谢，传承无绝期。缅怀先烈精神，继承先烈遗志，是社会的道德和民族的良心，是后来者须臾不可忘怀的本分。

老一代人把历史的真实交付给我们，我们有责任用真实还原历史，传承给下一代，把那段岁月与现在年轻人的生活连接到一起，使他们眼中的历史变得立体、真实、可靠，让历史成为他们前进的动力。本丛书将那些流动的、随时会飘散在时间天际的事件凝固下来，希望透过这些文字、图片，感受到英雄们那坚定的革命信念，感受到那个年代澎湃的革命激情，真切体会那段“红色历史”。

忘记历史，就意味着背叛。让我们重温历史，缅怀先烈，从中汲取力量，毅然前行。

刘栋

目录 CONTENT

目录

CONTENT

战火中打造出的“不世将才”

文/苏振兰　夏明星

程世才将军

程世才（1912—1990年），湖北大悟人。中国共产党的优秀党员、久经考验的忠诚的共产主义战士、无产阶级革命家、中国人民解放军杰出的军事指挥员、中国人民解放军高级将领。1955年9月被授予中将军衔。荣获一级八一勋章、一级独立自由勋章、一级解放勋章。1988年被中央军委授予中国人民解放军一级红星功勋荣誉章。

1990年12月30日，李先念在《人民日报》发表《痛悼程世才同志》一文，对程世才的逝世表示悼念："程世才同志与我结识已达半个多世纪，是我的老战友。他的猝然逝世，是党和人民的重大损失，我万分悲痛……世才是从枪林弹雨中冲杀出来的，打过许多大仗、硬仗、恶仗，智勇兼备，能攻善守，屡建奇功，是人民军队的一员战将。"

1930年4月12日，鄂豫皖苏区红军整编为红一军，在军长许继慎、副军长徐向前的领导下，这支虽辖三个师但只有两千人的工农武装屡创佳绩。时年十八岁的程世才加入了这支红军劲旅。在许继慎、徐向前的领导下，程世才冲锋在前，展现出了强悍善战的军事素质。

1931年10月，李先念调任红四方面军第十一师三十三团政委，成为程世才的直接领导。在红四方面军总指挥徐向前的指挥下，从这年11月至次年6月，红四方面军连续发起黄安（今红安）、商（城）潢（川）、苏家埠、潢（川）光（山）四大战役，以"围点打援"、运动歼敌的战法，共消灭敌正规军近四十个团六万余人，活捉敌皖西"剿共"总指挥厉式鼎，粉碎了敌人的"围剿"计划。在战役中，程世才和三十三团"每役必与，杀敌无数"。因三十三团出色地完成了战斗任务，红四方面军总部授予其"共产国际团"的光荣称号。由于表现突出，程世才进步神速，从红十一师三十三团特务连排长、连政治指导员，迅速成长为红十一师政治部党委书记、三十三团团长兼政委。

1932年10月，由于张国焘的错误指挥，鄂豫皖根据地第四次反"围剿"失败，红四方面军被迫向西实施战略转移。但蒋介石仍然紧追不舍，派国民党第十四军军长卫立煌率领第十师、第八十三师及第三十四旅，从东、南、北三面对红军实施包围，企图围歼红军于河南光山县新集（今河南新县）以西、汉水以东地区。在枣阳新集地区，红四方面军遭敌重兵包围，被迫与敌展开决战，红十一师奉命向国民党第三十四旅发起反击。时任红十一师政治部党委书记、三十三团团长兼政委的程世才挺身而出，挥起他的长砍刀向敌阵杀去。在程世才的带领下，全团士气大振，以"挡我者死"的气势成功突围，为全军打开通路，并在危急时刻保证了红四方面军总部的安全。战斗中，程世才因身负重伤而两次昏迷过去。

1933年春，征战到川陕边境的红四方面军，以四川通江、南江、巴中三县为中心建立了全国第二大苏区——川陕革命根据地。同年2月，四川军阀田颂尧率部近六万人，向立足未稳的红四方面军发动了"三路围攻"。红四方面军总部采取"收紧阵地、待机反击"的作战方针，主动退到以通江县空山坝为中心、方圆约五十公里的地域内，在运动防御中寻找战机。战役中，程世才大胆建议：运用部分兵力，秘密插入敌人侧后，切断贪功疾进的敌左纵队十三个团退路，让其有来无回。建议上报后，一向不苟言笑的徐向前笑了："程世才，是才啊！一个团长，竟然敢于想吃掉敌人十三个团！"他随即指示，就由程世才担此重任。受命后，程世才带领红三十三团冒着倾盆大雨，穿过人迹罕至的深山老林，秘密插入敌人侧后，为红四方面军发起反攻、围歼敌人左纵队十三个团创造了重要条件。

1933年7月上旬，红四方面军进行整编：红十师扩编为红四军（军长王宏坤、政委周纯全）；红十一师扩编为红三十军（军长余天荣、政委李先念）；红十二师扩编为红九军（军长何畏、副军长许世友、政委詹才芳）；红七十三师扩编为红三十一军（军长王树声、政委张广才），计十一个师四万余人。从这时起，程世才历任红三十军第九十师政委、第八十八师师长兼政委，成为红四方面军内独当一面的虎将之一。1934年底，程世才升任红三十军副军长。1935年初，升任军长。

1935年6月，红三十军一部作为红四方面军先头部队，与红一方面军在四川懋功地区胜利会师。在毛儿盖，程世才实现了多年的愿望，见到了毛泽东。毛泽东与李先念、程世才等人亲切握手，并详细地向程世才询问了部队的一些情况。接着，毛泽东席地而坐，指着地图向大家讲了自己对战局的看法及作战部署。毛泽东的和蔼可亲、对红军战士的深切关怀及对战争全局的准确把握，给程世才留下了很深的印象。而程世才这位年仅二十三岁的红军军长，也引起了毛泽东的格外注意。他紧握着程世才的手说：“你这个军长很年轻啊！”

挺进平西，与萧克并肩作战，威震敌胆

红一、四方面军会师后，整编为左、右两路军分别北上。作为右路军前锋，程世才和李先念率领红三十军迅速北进，在包座和胡宗南部对阵。包座位于松潘以北（今属四川若尔盖县）的包座河畔，有上、下包座之分。包座河水流湍急，两岸山高坡陡，多为森林覆盖，地扼松（潘）甘（南）故道要冲，是国民党军阻止红军北上的一道屏障。包座守敌背山面水，拥有天然屏障和集群式碉堡，对红军构成很大威胁。8月29日，在险恶的地形条件下，程世才和李先念率部毅然发起包座之战，围点打援、分割歼敌，消灭国民党军胡宗南部第四十九师，打开了红军向甘南进军的门户。

1936年10月，红军三大主力会师后，中革军委命令红四方面军一部西渡黄河，执行宁夏战役计划。程世才、李先念指挥红三十军在靖远县虎豹口突破黄河天险，又在兄弟部队协同下占领战略要地一条山、五佛寺。11月11日，中革军委决定，渡河部队组成西路军，执行建立河西根据地和打通国际路线的任务。程世才和李先念指挥红三十军在极其困难的条件下，先后在凉州和永昌之间同敌军恶战，歼敌四千余人。后又在倪家营子与数倍于己的敌军血战四十天，予敌以重大杀伤。这对配合河东红军的战略行动，推动西安事变的和平解决，起了重要作用。

1937年3月，西路军失败后，程世才参与指挥西路军余部左支队千余官兵翻越祁连山分水岭，在冰天雪地中行军二十多天，随后又穿过荒无人烟的戈壁滩。经过四十三天的跋涉，左支队终于走出祁连山，到达甘西平川。4月下旬，西路军左支队抵达星星峡，彻底摆脱了噩梦般的险境。他们收到新疆迪化（今乌鲁木齐）方面的供应品和枪支弹药，中共驻新疆办事处代表陈云、滕代远亲自迎接他们，感谢他们为党保存了一批骨干。

1938年春，程世才回到延安，进入抗日军政大学学习。1939年初，程世才出任晋察冀（又称冀热察）平西挺进军参谋长，并兼任第十二支队司令员，协

年轻时的萧克

助挺进军司令员萧克领导开辟平西、平北抗日根据地。

1940 年 1 月，晋察冀平西挺进军在北平近郊频频出击，给日伪军以有力打击。从 3 月 9 日至 22 日，察南、北平郊区日伪军集结九千余人，分十路向平西根据地发动大规模“扫荡”。萧克参加军事会议未归，程世才指挥八路军平西部队经过大小三十余次顽强战斗，共毙、俘日伪军一千余人，击落敌机一架，迫敌全部退出根据地。

同年 7 月，中共平北军分区建立，程世才担任军分区司令员。8 月 20 日，百团大战开始。程世才参与指挥晋察冀平西挺进军，并直接领导平北军分区部队，对日伪军展开攻势作战，有力地配合了百团大战。

经过两年艰苦奋斗，晋察冀平西挺进军粉碎了日伪军的数次“扫荡”，巩固了平西，开辟了平北，坚持了冀东的抗日斗争，形成冀热察抗日根据地，直逼日军在华北的军事政治中心北平。当时，萧克、程世才的大名传遍冀热察，成为令日伪军闻风丧胆的人物。

1942 年 2 月，晋察冀平西挺进军建制撤销，所属部队改编为晋察冀军区第十一军分区。程世才奔赴延安中央党校学习。

1945 年 8 月，抗战胜利后，从中央党校毕业的程世才跟随部队奔赴东北，就任东北人民自治军总部直属的第十六军分区司令员，参加对国民党军的防御作战。1946 年 3 月，就任辽南军区司令员，萧华担任政委，罗舜初、曾克林任副司令员，负责南满地区的对敌作战。

1946 年 4 月，国民党军继进占沈阳、抚顺、铁岭、开原、辽阳、鞍山、营口等重要城镇后，又向林彪重点设防的本溪和四平疯狂进攻。为了保卫四平，林彪建议，成立四支机动野战纵队，直属东北民主联军总部指挥。这四支纵队，就是后来成为四野主力的第一、二、三、六纵队。林彪还提议，由程世才出任第三纵队司令员，罗舜初为纵队政委。毛泽东批准了林彪的建议。于是，程世才奉命率领第三纵队从本溪出发北上，参加四平保卫战。

新开岭之役，全歼国民党“千里驹”

1946 年 10 月，杜聿明集中国民党军八个师十多万人，分三路向南满根据地进攻。这时，为加强南满地区斗争的统一指挥，中共中央东北局派副书记陈云和东北民主联军副司令员萧劲光到南满工作，分别兼任南满分局书记暨辽东（南满）军区政委、辽东（南满）军区司令员。程世才为军区副司令员兼第三纵队司令员、南满前线指挥员。此次进犯南满解放区的国民党军，打头阵的是驻本溪的国民党军第二十五师。这个师全

平西抗日烈士陵园

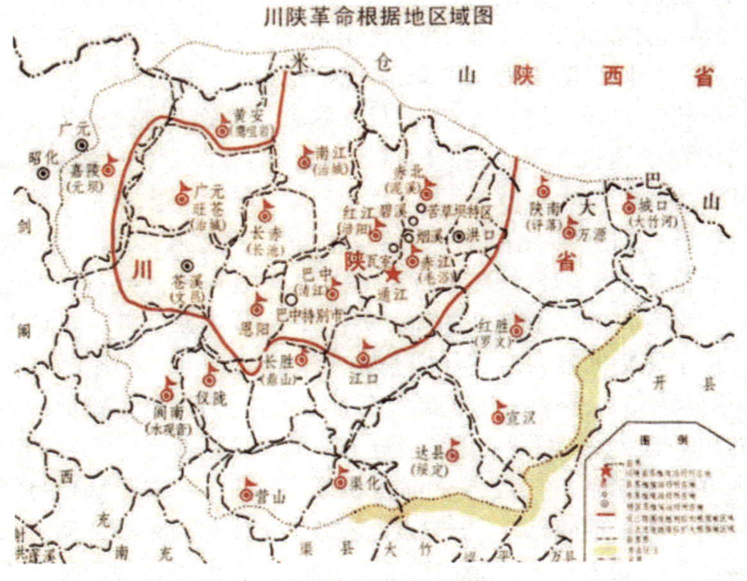

川陕革命根据地区域图

部美械装备，善于长途奔袭，享有“千里驹”的美誉。该师主力加上装甲车、汽车各一个排，由本溪出发，沿公路向赛马集、宽甸方向攻击前进，协同会攻安东（今丹东）。10月19日，林彪电示南满前线指挥员：为了保卫安东，应力求将敌人抑留于奉天（今沈阳）吉林线及兴京、金川之线。如国民党军集中较大兵力向安东进攻，则我军应主动地作放弃的准备，不可打被动挨打的仗，而仍应集中兵力找分散的小股敌人逐个歼灭。10月20日，林彪又致电南满军区：“你们应一心一意集中兵力打运动战，每次用八九个团打敌一个团（可用四五个团左右的兵力担任直接进攻，以其余部队放在周围防止敌突围，打敌增援）。”“凡估计不可能达到保卫城市的目的时，则应不过早也不过迟地于事先主动地放弃地点，而保持力量进攻敌人。”根据林彪的指示，萧劲光、陈云、程世才决定主动放弃安东，坚持东部山区，遂以第三、四纵队主力隐蔽集结于通化以西待机，并佯示转兵安东，以引诱兴京国民党军放胆进犯通化，伺机于运动中歼灭之。

程世才和第四纵队司令员胡奇才议定：敌第二十五师自恃装备优良，人多势众，可有目的地引其开向新开岭。新开岭位于宽甸西北，四周层峦叠嶂，宽甸至赛马集的公路穿越其间，是一个狭长的山谷洼地，地形对设伏十分有利。10月31日10时，在敌人全部入围后，胡奇才下令各部向第二十五师发起进攻。激战至11月2日中午，将敌第二十五师五千余人全歼。加上在通化方向和辽南方向上的策应作战，共歼国民党军一万余人，并缴获了大量美式装备。担任主攻任务的第四纵队伤亡两千一百二十八人，以较小的代价，歼灭了蒋介石嫡系、号称“千里驹”的第二十五师，并俘虏了少将师长李正谊，开创了东北民主联军在一次作战中歼灭国民党军一个师的先例。

东北民主联军的胜利，使远在延安的毛泽东喜出望外，连续发电庆贺。11月3日，中共中央发出贺电：“（一）庆祝你们歼灭敌人一个师的大胜利，望对有功将士传令嘉奖；（二）这一胜仗后南满局势开始好转，望集结主力争取新的歼灭胜利。”11月9日，中共中央军委起草致萧华、江华、程世才、罗舜初并告林彪等电，指出：“你们此次作战经验很好。第一次集中五个团打第二十五师未能奏效，第二次集中八个团打该师，就胜利了。以后作战，凡打大一点的仗，总要集中十团八团兵力，最好能集中十二个团，以期必胜。”“而后作战，每次均须采用此种方法。”

新开岭一役虽然消灭了敌人一个师，但敌人进攻的势头仍然不减。在这种情况下，第三纵队是保安东还是保通化的矛盾突出起来。第三纵队当初南下的任务是到通化，建立长白山根据地，可是辽东军区要程、罗西进去保卫安东。这样一来，第三纵队既要保通化，又要兼顾安东，结果战线拉得很长，以有限的兵力进行宽正面的防御，犯了兵家的大忌。在近一个月的时间里，由于分兵把口，第三纵队仗打得不好，多半是击溃战和消耗战，消灭敌人不多，自己反而搞得很疲劳，且得不到充分的补充。当时，向通化进犯的敌人有五六个师，而第三纵队只有两万多人。

1946年11月，第三纵队与辽南军

程世才故居

区领导机构分开，曾克林接任第三纵队司令员，程世才改任辽东军区副司令员。1947年3月26日，在三次进攻临江不克的情况下，南满敌人拼凑了十四个师计十万之众，又开始向临江发动了前所未有的大规模进犯。敌东北保安司令郑洞国、十三军军长石觉煞有介事地亲临新宾坐镇指挥，妄图以营盘至通化这条路为枢纽，举行五百里宽的正面进攻，占领通化两侧地区，打通新宾至通化路后，分兵四路直取临江。面对这种情况，辽东军区召开党委会，分析当时的战争形势与任务，研究当前的困难和克服困难的办法。会上，程世才慷慨陈词：考虑到大敌当前，如果不打，就得跑到东满去。但是，解决东北战场的胜负问题，主要是靠北满主力，南满虽是一个侧面，但也不能失败。如果南满失败，则主力难以克敌制胜，甚至发生危险。南满吸引敌人越多，杀伤敌人越多，则越有助于北满主力下江南。南满根据地的坚持，可使敌首尾难顾。打下去，虽然我们可能损失很大，甚至不易取胜，但对整个战局是有利的。只要北满主力能下江南，歼灭敌人，南满部队的牺牲就是有价值的。

程世才的发言得到陈云、萧劲光、萧华等人的一致肯定：坚决打下去，坚持南满，是我们应尽的责任。这一仗是关键性的，应从全局着想。4月3日，经过浴血奋战，敌人第四次对临江的进犯又被彻底地粉碎了。战后，陈云致电林彪，谈到程世才在会上的发言，称赞他“有战略眼光”。

综观程世才在东北的军旅生涯，李先念认为，“他为解放东北作出了重要贡献”。

中华人民共和国成立后，程世才进入南京军事学院深造。此后，他历任公安军第一副司令员、沈阳军区副司令员兼沈阳卫戍区司令员、装甲兵副司令员等职。在这些领导岗位上，他经常深入部队狠抓教育训练，均有重要建树。1955年9月，程世才被授予中将军衔，荣获一级八一勋章、一级独立自由勋章、一级解放勋章。

中华人民共和国成立后不久，程世才即开始撰写回忆录，相继出版过《悲壮的历程》《烽火年代》《万里征程》等著作，记叙了许多可歌可泣的战斗事迹，反映了人民军队艰苦奋斗的历程。20世纪50年代出版的《悲壮的历程》，曾被列为中小学革命教材，对广大青少年的健康成长产生了积极的影响。1986年10月，在纪念红军长征胜利50周年的日子里，他的《强渡嘉陵江》一文获得了总参谋部颁发的文艺创作奖荣誉奖。

1990年11月15日，程世才在北京逝世。12月29日，程世才遗体告别仪式在北京八宝山革命公墓礼堂举行。江泽民、杨尚昆、聂荣臻、王震、薄一波等敬献了花圈，秦基伟、宋任穷、刘华清、李德生、萧克、陈锡联、洪学智等参加了遗体告别仪式。

（本文由中国党史网供稿）

“等到胜利那一天”

——记林达烈士

文/佚　名

林　达

林达（1914—1947年），原名林有璋，1914年生于南汇县二灶泓镇附近的一个农民之家。早年毕业于上海新陆师范学校，曾在江南造船所任职员。1938年参加革命，1940年加入中国共产党。历任抗日游击队军需、大队副；新四军浙东纵队队长、支队政委，中国人民解放军华东野战军第一纵队第三师第九团团长、团政委等职。1947年7月18日牺牲时年仅三十三岁。

走上革命的路

林达的青年时代，正是祖国面临存亡危急之际。他考取新陆师范学校那一年，日本帝国主义一手制造了九一八事变。由于国民党政府实行不抵抗政策，仅几个月时间，东北三省的大好河山就全部沦入日军之手。面对黑暗的现实，林达和他的同学们，再也无法“埋首寒窗”了。他一边读书，一边参加学生爱国运动，在运动中结识了共青团员蔡志

伦，受蔡和其他进步同学的影响，倾心革命。1933年，林达从新陆师范毕业，经人介绍进入江南造船所任职员。1937年8月13日，日军大举进攻上海。不愿为日伪政权效劳的林达，毅然辞去了江南造船所的职务。

林达回到家乡后，以“天下兴亡，匹夫有责”自励，联络同窗好友，共议抗日救国、保卫家乡的大计。同年11月4日，日军从金山卫登陆，路经南汇二灶泓，大肆烧杀抢掠。林达的婶母、堂弟、外甥女均惨遭杀害，林达及其二弟、三弟亦中弹受伤。国仇家恨，在他的心中如烈火燃烧，更坚定了他抗日救国的决心。1938年初，中共江苏省委派陈静在蔡志伦的陪同下来南汇开展抗日救亡活动，并组建了中共浦东工委。在中共浦东工委的领导下，林达和连柏生、王才林等积极筹建革命武装。为革命工作的需要，党组织授意林达出任长沟乡乡长。林达利用乡长身份，动员失业工人、农民、青年学生等二十多人，集中进行军政训练。由于国民党县政府的阻挠和破坏，训练被迫中止。林达和他的战友们并不气馁，经过努力，终于取得了“南汇县保卫团第四中队”（简称“保卫四中”）的番号，组建了抗日革命武装。林达出任特务长、军需，从此开始了他的革命军人生涯。

廉洁奉公

林达负责部队的粮饷筹集工作，手过千金，分文不沾。有人给他送礼，但都遭他拒绝，还要被他严厉批评。他定期公布账目，实行财务公开。发现乡政府一名“催征吏”贪污公款，就立即给予撤职处分。当乡里筹集抗日捐税时，林达的父亲认为，部队和地方党的工作人员经常在他家食宿，自己的几个儿女都从事抗日工作，不理家务，家里开销大，因此想免掉抗日捐税。林达得知后，耐心地劝说父亲：“我是乡长，要给大家做个样子，我们宁愿自己吃亏，也要带头交税，保证部队的给养。”他不但自己劝，还请部队的领导帮助做他父亲的思想工作，终于使其愉快地交了全部捐税。这件事，当时在部队和地方上被传为美谈，在群众中产生了良好的影响。林达的这种廉洁奉公的品质，贯穿他的一生。后来在浙东和山东带兵打仗时，群众或地方进步绅士馈送给他的慰劳品，他或是上交，或是分配给那些工作上需要的同志，从不据为己有。

义无反顾

1939年1月，就在林达参加革命队伍不久，“保卫四中”驻地在盐仓镇附近的姚家楼。一天凌晨4时左右，林达从驻地到镇上查岗哨，忽然发现一队日伪军已进镇，要回驻地报告也来不及了。为了通知部队转移，林达立即鸣枪报警，枪声吸引了敌人，日伪军向他猛扑过来。他的腰部中弹受伤，血流不止，为了引开敌人，他奋不顾身地奔向野外，隐藏在芦苇丛内。由于引开了敌人，部队得以安全转移。事后他躲藏在家里养伤，一些来探望他的亲友劝他说：“多危险啊！受了这么重的伤！今后不要再去了，免得送掉命。”林达听了说：“国家都快要灭亡了，大家都要起来抗日，这点伤算得了啥？”他伤愈后立即回了部队。1940年3月25日，日军到林达家乡“扫荡”，林达家的财产被抢，房屋被烧，父亲被抓走。家庭的不幸，不仅没有动摇他的革命意志，反而更坚定了他抗日必胜的信念。林达的这种坚定的革

新四军浙东纵队司令部旧址

江南人民抗日义勇军

命精神，深深地感动了亲友和周围群众。在他的影响下，很多青年参加了游击队。他的两个弟弟和一个妹妹，也在他的启发引导下，先后加入了革命队伍。

浙东第一仗

1940 年 5 月，林达奉命赴江南人民抗日救国东路指挥部教导队受训。他学习很努力，进步很快，被批准加入中国共产党。江南抗日义勇军领导人谭袁林很器重林达，指示中共浦东工委："林达回浦东后，不要再叫他搞经济工作，要让他抓武装工作。"9 月，林达回浦东，任"抗卫二大"（由"保卫四中"扩编而成）的中队副。不久，根据上级党的指示，"抗卫二大"改编为"国民党第三战区淞沪游击纵队第五支队"，林达任五支队四大队大队副。

次年 6 月，根据中共苏南区党委关于"扩大浙东敌后抗日根据地"的指示，中共路南特委决定由蔡群帆、林达率部一百余人南渡浙东，参与开辟浙东抗日游击根据地。就在部队在余姚北部段头湾登陆的第三天，他们得悉日军三十余人从庵东据点出扰相公殿，便飞速赶去相公殿西约一里半的向天庵附近埋伏。当扛着大包小包的日军走进埋伏圈时，突然枪声大作，在兄弟部队的配合下，他们把日军打得晕头转向，当场打死打伤日军各八人，迫使日军弃尸狼狈溃逃。这一仗，是浦东游击队入浙后的第一仗，使日军大为震惊，敌后人民则受到极大的鼓舞。当年的浙东游击队的领导人刘亨云四十年后回忆起这次战斗时，还赞不绝口地说："1941 年 6 月 18 日，是浙东抗日斗争史上的一个重要日子。"

智斗薛天白

我浙东抗日武装当时的公开番号是"国民党第三战区淞沪游击纵队第五支队"，名义上是属淞沪游击指挥部领导的。但国民党第三战区淞沪游击指挥薛天白，妄图拉拢和分化我这支武装，壮大他自己的实力。1941 年 10月他命令我浙东武装派员去指挥部接受任务。我浙东军考虑：去如入虎穴，有一定的危险；不去则有违抗军令之嫌，薛会恼羞成怒，和我们搞摩擦。权衡得失，组织决定让林达以"五支四大"大队副的名义前往，相机行事。

10 月 13 日，林达带着警卫员胡金潭到了章家埠。薛天白问林达："你从上海浦东带来多少人？"林达知道这是对方在掂自己的分量，于是机智地答道："一营四个连共五百多人。"其实队伍只有一百多人。果然，薛天白对这支力量产生了兴趣，但他不完全相信林达，又问："花名册带来了吗？"林达回答说没有。他要林达下次一定带来，以便按名单发饷。接着，薛天白说蔡群帆是共产党，要他回苏北去。林达声称蔡是来自上海的学生，并不是苏北人，机智地顶了回去。林达还正面地向薛天白晓以抗日救国大义，要薛以国家民族前途为重，团结抗日。这样，既打消了薛天白企图分化我军的阴谋，又不伤害双方之间的感情。后来，薛天白忽然提出要将"五支四大"扩编为淞沪游击第三支队，由林达任支队长。林达知道这是薛在拉拢自己，但他考虑到这是扩大抗日武装的好机会，也有利于灰色隐蔽，便表示同意。薛天白担心"林有璋"这个名字太红，怕他的上级不批准，便建议改名为林达。自此以后，"林达"便成了他的名字。林达运用党的抗日统一战线政策，机智勇敢地和国民党军队作斗争，并取得很多次胜利。

用行动挂起金字招牌

当时在浙东的部队很多，番号五花八门，诸如“忠义救国军”“国民兵团”“国民党淞沪游击队”“新国民兵团”等，都打着抗日保民的旗号。怎样使真正抗日保民的我军有别于其他部队呢？林达在一次会议上说：“人在街上走，看不尽五花八门的招牌，真正的金字招牌都不是写出来的，是做出来的。我们的队伍招牌好，三支队名气大，一靠打日军，二靠爱人民。”林达经常用这个道理教育干部战士：对敌伪战斗，勇敢顽强；对广大群众，充满感情。

他的部队每到一处，就和那里的群众建立起血肉般情谊，处处关心群众的疾苦。1942 年 10 月的一天中午，林达和指战员们正在吃饭，忽然听说前一天被我军在杨葛殿击溃的日伪军，又去那里骚扰，殴打僧人，焚烧庙宇。林达率部立即赶去，经过一场激战，赶走了日伪军，扑灭了熊熊烈火。杨葛殿的方丈感激涕零，献出了珍藏多年的手枪，对林达说：“这两支手枪作为我们支持抗日的心意。”

林达和他领导的三支队，由于作战勇敢、爱护人民，在浙东人民的心中留下很好的印象，受到人民的拥护。特别是鄞县以西地区的群众，无论男女老少，都知道“林支队长”。有一个三年级学生周德泉给林达写信说：“亲爱的林支队长，我很喜欢你们，你们的部队要常常住在这里……”还有一个叫许周义的小学生给林达的信中说：“你来后，我可以读中学去了……”林达和他的战友们就这样用自己的实际行动，为我军在群众中树起了金字招牌，为我党赢得了声誉。

被通令嘉奖

1941 年 12 月，在慈北长溪岭五峰寺，林达率部迎战日军，敌众我寡。敌人十分猖獗，气势汹汹地向我军猛扑。当敌人冲上来企图抢占山头时，林达率小分队奋力阻击，投掷手榴弹炸死二十余名来犯之敌，打退敌人一次又一次进攻，坚持到天黑，迫使敌人仓皇溜走。1942 年 7 月，中共浙东区党委成立。8 月，我军成立“三北”游击司令部，林达被任命为第三支队支队长。1943 年 4 月，林达率部攻克了余姚重镇梁弄，打开了四明山的局面。同年 6 月，在鄞西樟村、岔右地区，林达率部迎战从宁波出扰的日军，毙伤敌人十五名，使敌人从此不敢贸然进入鄞西山区。

1944 年 1 月 5 日，浙东游击队正式宣布改编为新四军浙东纵队，林达改任三支队政委。2 月，第二次反顽战争开始，林达率部转战于郭姆渡等地。2 月 16 日，随纵队司令部至半浦，强渡姚江，至慈溪与伪七师发生遭遇战。翌日，至桃花岭又与日军发生遭遇战。在连续几昼夜的战斗中，林达非常劳累，在战斗中鼻子负了伤，血流不止，但他仍沉着指挥，终于将敌人击退，使纵队机关和部队得以安全转移。同年 6 月 7 日，林达率部奇袭镇海城郊洪桥镇的敌伪据点，生俘日军少佐军事顾问吉永久寿秀和伪军上校总队长等二十八人。同月 25 日，三支队的一、四中队在马家桥与伪十师的两个连发生遭遇战，除伪营长等三人逃窜外，两连伪军全部被歼。林达所率的三支队，先后两次受到纵队传令嘉奖。由谭启龙、何克希签署的嘉奖令中说：“你们不愧为浙东人民的子弟兵，也是新四军乃至全浙东人民的骄傲和荣

耀。现在大家面向你们，向你们庆祝，赞扬你们的英勇行为！”

北撤

1945年8月，日本帝国主义宣布无条件投降，中国人民经过艰苦卓绝的十四年抗战，终于取得了胜利。中国共产党为实现国内和平，根据国共两党签署的《双十协定》，命令浙东纵队北撤。11月，林达所部奉命改编为新四军第一纵队第三旅第九团，林达任团政委。《双十协定》墨迹未干，国民党便背信弃义，挑起全面内战。面对强大的敌军，林达却能从沉沉黑暗中看到曙光。他在1946年3月6日给父母的信中写道：“自违堂上，迄已五载，男因忙于谋生，漂泊在外，虽备尝艰辛，幸赖合伙诸友勠力同心，营业已大有发展。现局势已日见澄清，谅回乡亲聆教谕之日已不远矣！”这封家信，充分表达了林达对革命事业必胜的信念。当时林达所率的九团，大部分是江南健儿，新驻山东，生活极不习惯，不少人产生了急躁情绪，求战心切，不安心于练兵。林达深知，环境越是艰苦，领导干部越是要关心同志；战士中越是有急躁情绪，领导干部越是要镇定沉着，做好思想工作。林达对自己要求很严厉，战士们吃麦子、苞米，他也吃麦子、苞米；战士们水里泡，他也水里泡；行军途中，遇到涉水过河，他总是第一个下水探试深浅。他听说战友金子明的父母和妻女在上海生活有困难，就写信给在上海做地下工作的弟弟，要他设法予以资助。林达按实战要求，严格进行练兵活动，他常常对战士们说：“我们是军人，不严格不行。平时严格，战时才能打胜仗，才能减少伤亡。平时训练中对大家严格，这才是对战士最大的爱护。”由于林达在训练中从难从严要求，因此部队素质提高很快。

在鲁南防御战中

1946年6月，林达率九团参加解放泰安的战斗，担任主攻西关的任务，战斗历时三天，全歼守敌四千余人。1947年初，华东野战军整编时，林达被任命为中国人民解放军华东野战军第三师第九团团长。在鲁南两次防御战中，林达率九团担负阻击任务。敌人以数倍于我的兵力，配以飞机、坦克，向我发起疯狂进攻。九团不仅人少，而且装备较差。但是，由于林达机智灵活的指挥，加上广大指战员英勇顽强的战斗，最终以少胜多，牢固地坚守住阵地，胜利地完成了阻击任务。林达因此受到鲁南前线指挥部的嘉奖。在这次战斗中，林达将毛泽东的游击战术，创造性地运用到山地防御战中。战斗结束，林达在三旅的团以上干部会上作了介绍，得到了一致好评。他撰写的《鲁南两次防御战的经验》一文，至今仍作为重要的军史资料，珍藏在中国人民解放军第二十军的档案中。

在孟良崮战斗中

鲁南战役中，林达率领的九团以擅长阻击战而闻名全军。1947年5月，震惊中外的围歼敌七十四师的孟良崮战役打响了，上级指令林达率部坚守界牌、天马山阵地，阻击敌二十五师增援。界牌、天马山一线，正处于我攻击孟良崮的部队的侧面，如被敌人突破，则东援之敌可直指我攻击部队之侧背，事关整个战役的成败，所以决定让九团去执行这项任务。蒋介石为了挽救其“王牌军”七十四师覆亡之命运，下令二十五师要不惜一切代价给七十四师解围。敌二十五师向九团阵地猛扑，战斗空前激

林达烈士之墓

烈。连续苦战四天，九团伤亡很大，弹药将尽，敌人渐渐逼近，当敌人距团指挥所仅十米左右时，林达率领指战员奋勇反击，又一次打退了敌人的进攻。在兄弟部队的支援下，阵地岿然不动，为主力部队全歼敌七十四师创造了条件。战斗结束，在纵队召开的孟良崮战役总结会上，纵队司令员对九团的奋战精神给予了高度的评价。

他留下什么

1947年7月，为了粉碎敌人的重点进攻，华东野战军向鲁西南出击，围攻滕县战斗结束后，转战于津浦路西坝。时值天下暴雨，山洪暴发。18日，当九团强渡沙河时，敌机轮番俯冲扫射，狂轰滥炸。林达为了指挥部队隐蔽，不幸中弹负伤，血流不止。在生命垂危之际，他对身旁的同志说："我不行了，没有完成任务，光荣的任务要你们去完成。"当天下午，林达光荣殉职。

林达只活了三十三年。他从二十四岁参加革命起，一直英勇顽强地战斗在抗日战争和解放战争的烽火中。他时时处处想着党，想着革命事业，想着同志，就是想不到自己。在浙东抗战时，他结识一个女友，同志们劝他结婚，他总是说"不急"。1945年北撤途中，他的兄弟林有用在青浦遇上他，对他说："你三十出头了，母亲为你的婚事急得很……"林达不等他说完，就摇摇头说："战争还没有结束，哪有工夫考虑结婚？再说，战场上随时有牺牲的危险，结了婚不是害了人家姑娘？"1947年初，他的妹妹林培在鲁南行军途中遇到林达，兄妹见面，少不得又谈起这个话题。林达说："革命战争是要流血的，我们已经有几个副团长牺牲了，我们都应该有牺牲的思想准备。"林培对他说："别这么说，你不会牺牲的。"林达笑笑说："我们都是唯物主义者嘛，还怕死？为了共产主义伟大事业，死，也是值得的。"同时，他也说服了自己情投意合的恋人，相约"等到革命胜利那一天"。直至牺牲，他也没有结婚，也没有留下一分钱财产，但他却给后人留下了最珍贵的东西——把一切献给中国人民解放事业的一颗赤诚的心，和为国家民族而百折不挠的奋斗精神。他的生命将和他的斗争精神一样永存！

（本文选自《上海英烈传》第五卷）

为理想燃尽生命之光

文 / 廖济堂

“工友们！明天我们就要罢工了。我们要团结一致，不要怕！路矿两局再关也关不了那么多人，想杀也杀不了那么多人。我们有万余工友的力量，什么也不用怕！”1922 年 9 月，安源路矿工人大罢工前夕，朱少连站在火车头上，这样鼓舞工人们。

安源煤矿是当时中国最大的股份制企业——汉冶萍公司的一部分，安源路矿工人超过一万人，工人人数在全国企业中最多。

安源大罢工也因“未伤一人，未败一事，而得到完全胜利”，成为“幼稚的中国劳动运动中绝无仅有的事”而载入史册。

担任罢工副总指挥的朱少连，在罢工后的第 6 年不幸被捕英勇就义。

1887 年 3 月 20 日，朱少连出生在湖南衡阳的一个贫苦农民家庭。朱少连的父亲朱尧乾靠租种两亩田地、打短工，维持一家生活。不过，即便条件艰苦，他还是借钱让儿子去读私塾。

长辈见朱少连聪颖过人，希望培养这棵苗子，于是资助他到衡阳城的一所中学学习。朱少连不负众望，考上了湖北铁路学校。1912 年，他被分配到株萍铁路实习，随后成为火车司机。由于平时爱读书，因此朱少连在当时是很有文化和见识的火车司机。

1921 年，朱少连被提升为株萍铁路管理局行车部总司机，收入稳定，生活过得较宽裕。

当年，朱少连认识了来安源考察的毛泽东和李立三。十几天后，朱少连协助李立三开办了平民学校和工人补习班，吸收工人上课。那时，毛泽东住在长沙清水塘，朱少连常利用跑车的机会，向毛泽东汇报安源的情况，毛泽东也常让他带回《湘江评论》等进步刊物阅读。

1922 年 2 月，经李立三介绍，朱少连成为安源第一批六名共产党员之一。安源党支部也是全国产业工人中的第一个党支部。

朱少连个子不高，平时总是剃个光头，在路矿工人中很有号召力。老工人们提起朱少连时总会说：“朱少连是个精明干练的汉子，待人忠诚，处事公正。”

为了便于工人“联络感情，交换知识”，朱少连与李立三组织积极分子建立了“安源路矿工人俱乐部”，朱少连被选为俱乐部副主任。

俱乐部刚成立时，加入的工人并不多。朱少连找到李立三商量说：“如果能在经济上帮助工人，一定能提高大家加入俱乐部的积极性。”

于是，俱乐部集资创办了工人消费

朱少连

朱少连和妻子的合影

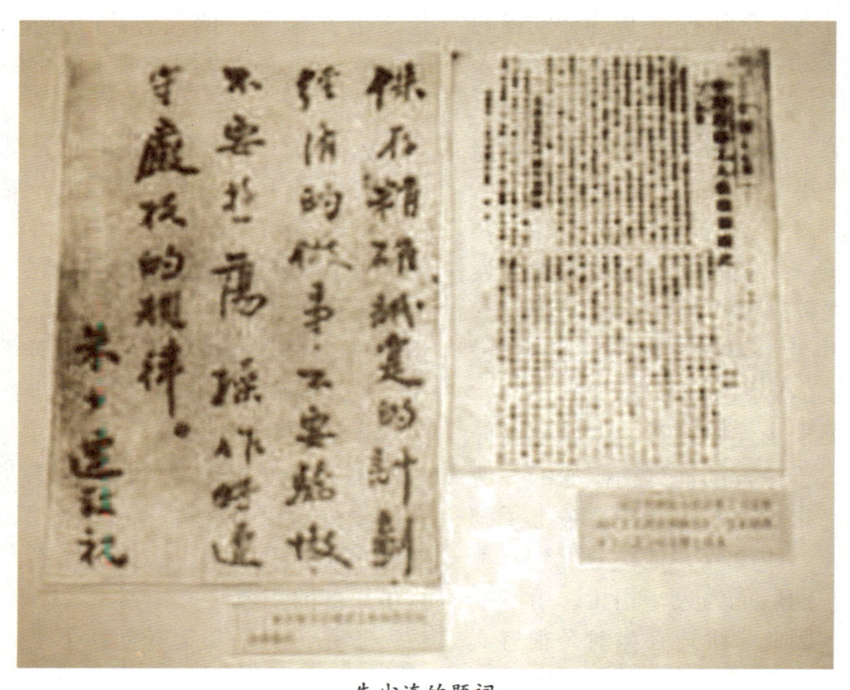

朱少连的题词

安源路矿工人俱乐部

1923 年 2 月 7 日，安源路矿工人消费合作社正式成立

安源路矿工人大罢工

合作社，门面设在补习学校内。合作社主要贩卖布匹和日用品，尽管规模很小，但价格低廉，加入俱乐部的人一下子增到了七百多人。

那时，路矿当局已经拖欠了工人好几个月的工资，由于担心俱乐部声势越来越大，当局派人给朱少连送来三百银圆，希望控制俱乐部，但被朱少连拒绝了。

见利诱行不通，路矿当局便诬蔑俱乐部是“乱党机关”，应立即解散。俱乐部随后召集工人代表商量对策，大家认为必须采取强硬的斗争办法。

1922 年 9 月 11 日，毛泽东派刘少奇来安源参与领导罢工。9 月 12 日晚，李立三、刘少奇等人对罢工进行了周密的布置，朱少连任罢工总指挥部副总指挥。

9 月 14 日凌晨，安源路矿工人大罢工爆发了，工人们提出了要承认俱乐部有代表工人的权利和增加工资等十七项要求。

路矿当局很惊慌，一面调集军队镇压，一面派代表与工人俱乐部协商复工条件。为保护工人代表的人身安全，朱少连组织数千工人包围了谈判大楼。

18 日早晨，路矿当局妥协，持续五天的安源大罢工取得胜利。

罢工胜利后，工人工资比以前普遍提高了三分之一，加入俱乐部的工人一下子上升到一万三千人。那时，俱乐部还为工人建了五所工人读书处、一所工人图书馆、青年娱乐部。工人做完工，可以去读书、看报、打球、听演讲。

工人代表则提议给朱少连等罢工的领导每月提供至少两百元的高薪。朱少连却说：“我们搞革命，不是为了图享受。既然大家都相信我们，就不要拿我们当外人，更不要把我们和资本家、当官的相比。大家生活都很苦，我们拿一两百元钱不就脱离工人群众了吗？我看一个月有十五元就不错了！”最后，俱乐部作出决议：从主任、股长到勤杂人员，每月的生活费都为十五元。

那时，不少工人都会唱他们自创的名为《劳工记》的歌谣，里面有一句唱道：“路局办事朱少连，个个办事问青天。”

由于俱乐部成员迅速增多，办公房屋显得太过窄小。俱乐部决定兴建讲演厅，由朱少连负责筹备工作。整栋大楼从 1923 年 10 月动工，到第二年 5 月便宣告落成。大楼共有三层，楼内正中的讲演厅能容纳八百多人。

这座由安源工人凑钱捐工兴建、并拥有产权的工人俱乐部讲演厅，是中国工人的第一座工会大楼。现在，这座大楼位于安源路矿工人运动纪念馆内。

正当安源工人运动蓬勃发展的时候，1925 年 9 月，路矿当局勾结军阀突然包围了工人俱乐部，俱乐部很多工作人员被捕。朱少连被一位工友藏在家里，扮成农民躲过了搜捕。

当时，七千多名工人被解雇，朱少连组织部分工人去广州学习、参加革命军，还有部分工人去到农村中开展农民运动。

1926 年 9 月，北伐的国民革命军到达萍乡。朱少连也在此时返回安源，组织工人包围矿局办公大楼，恢复了俱乐部。

1927 年 9 月，毛泽东领导秋收起义时，朱少连被任命为工农革命军第一师第四团团长。朱少连以运煤工人、农民

1922年底，安源路矿工人俱乐部总代表与驻部人员合影

武装组织了工农起义队伍。起义受挫后，朱少连计划率队伍上井冈山，但被敌人截断去路。

这时，湖南“清乡”督办署赏三百大洋通缉朱少连，于是他只好潜回衡阳老家，在一所小学教书。

1928年8月，国民党军队在安源逮捕了大批共产党人和革命群众。当年年底，叛徒写信给朱少连，谎称安源的党组织已经恢复，要他立即回安源主持工作。朱少连信以为真，于1929年1月4日下午乘火车回到安源。这时，他已经被敌人跟踪。当天深夜，他在住处被捕。敌人许以金钱和官位，他坚决拒绝。

一位叫胡华全的老工人通过相熟的守监进入监牢，看到了朱少连受刑的惨状。当时朱少连坚定地说：“不要伤心，革命不流血是不能成功的！共产党人是杀不完的！你们不要离开组织，革命一定会胜利！”

朱少连在就义前，因受酷刑折磨，已不能走路，敌人将他绑在板凳上抬到刑场。这年，朱少连四十二岁。

（本文选自南昌新闻网）

宁死不屈的“羊城三杰”之一 季步高

文/佚　名

季步高烈士

季步高（1906—1928年），号凌云，别名季大纶，是广州红花岗革命烈士之一。生前曾任中共广州市委委员、中共广州市委书记、中共广东省委候补委员兼兵委书记。1928年8月在广州红花岗从容就义，牺牲时年仅二十二岁。

季步高1906年11月生于浙江龙泉。自幼勤奋好学，喜习书画。1923年，季步高考进上海大学社会学系读书。该校是国共合作开办的学校。季步高在校内听过蔡和森、张太雷等人讲的课，学到了马克思列宁主义等社会科学知识，思想觉悟得到提高。1925年春，季步高考入黄埔军校第四期学习。9月，加入中国共产党。1926年春，根据党的指示，季步高转到中华全国总工会省港罢工委员会工人纠察队训育处工作，后任训育处副主任。1926年3月20日，蒋介石制造“中山舰事件”，派兵包围省港罢工委员会，阴谋收缴工人纠察队武装。季步高与队员们坚决拒绝交出武器。随后，他协助工人纠察队训育长邓中夏对这支工人武装进行军政训练，以提高工人武装的军政素质。

1927年春，季步高继任省港罢工委

广州起义时的景象

员会工人纠察队训育长。他带领队员加紧练兵，维持北伐后方根据地的社会秩序，同国民党右派、工贼操纵的反动武装“体育队”进行针锋相对的斗争。当“体育队”袭击工人武装时，他带领纠察队员进行反击。1927年4月15日，国民党在广州发动反革命政变。季步高带领工人纠察队反击，后转入地下活动，参加了中共广州市委的领导工作，协助市委书记吴毅等建立工人武装，同敌人进行斗争。11月，中共广东省委决定在广州举行武装起义，建立“行动委员会”，以张太雷为总指挥，季步高任该会委员，协助张太雷、周文雍把“省港罢工工人利益维持队”等工人武装改编为广州工人赤卫队，准备参加起义。12月11日，震动中外的广州起义爆发了。季步高率领部分赤卫队，与教导团一起，经过激战，占领广州市公安局。广州苏维埃政府宣告成立。季步高任军事委员会军械处长。他下令把从敌人手中收缴来的武器分发给参加起义的工人、市民、青年学生。翌日，敌军从外地赶来反扑。因敌众我寡，起义主力转移。他带领部分赤卫队在长堤、维新路一带同敌人巷战，以掩护主力撤退，然后分散隐蔽。

广州起义失败后，季步高按照组织指示到了香港，向设在那里的中共广东省委汇报了起义经过，并主动请缨重回广州工作。1928年1月25日，省委任命季步高为中共广州市委书记。他化装到达广州，与周文雍等市委委员一起，重新恢复建立市委领导机关。不久，市委机关被破坏。周文雍等市委委员壮烈牺牲。市委委员仅幸存季步高一人。在白色恐怖非常严重的情况下，他立场坚定，毫不动摇，在万分艰险的情况下，带领同志们分散进行革命斗争。

3月，吴毅任中共广州市委书记，季步高改任中共广州市兵委书记。他积极协助吴毅把兵士运动委员会等机构建立起来。他还参与发动工人建立赤色工会，开展斗争。他不顾个人安危，利用黄埔军校老同学的关系，到国民党部队中秘密开展兵运工作，以壮大革命力量。

4月13日，季步高当选为省委候补委员，继续在广州从事秘密战斗。

这一年夏，季步高到香港，向省委请示工作，被广州公安局特务头子梁子光发现。7月，他被国民党逮捕，不久被引渡到广州。狱中，他受到酷刑折磨，体无完肤，但仍铮铮铁骨，忠贞不渝。

1928年冬，二十二岁的季步高被押赴红花岗刑场，从容就义，英勇牺牲。

（本文选自红潮网）

被汪伪特务暗杀的爱国志士——郁华

文/吴　斌

浙江富阳县富春江畔的鹳山上耸立着一座纪念亭——鹳山双烈亭，长眠此处的是民国时期中国著名的高级司法人员郁华和著名左翼文学家郁达夫兄弟俩。在鹳山东侧有“松筠别墅旧址”，“松筠别墅旧址”右边一间屋子正面是郁华像，两边对联是“春里小榭试灯初，暮雨江皋留枕处”。另一间屋子里，墙上贴着介绍郁氏家族的史料图片。

松筠别墅旧址

同情革命，积极营救廖承志

郁华，字曼陀，又字庆云，小名莲生，浙江富阳人。他出生于1884年，是著名左翼文学家郁达夫之长兄。十六岁应童子试，府、道均列榜首。1905年考取浙江省首批官费留学生。郁华早年负笈日本，先后就读于早稻田大学、法政大学。回国后，供职于清政府外务部。1911年，任京师高等审判厅推事、北京政府大理院推事。1913年奉派赴日本考察司法制度，回国后，继任大理院推事，兼司法储才馆、朝阳大学、东吴大学等院校刑法教授。历任国民政府司法行政部刑事司科长、最高法院东北分院刑事审判庭庭长兼代分院院长。由此，郁华的名声久已为日本人所熟悉。

早在1931年九一八事变前夕，日本军国主义者就威逼郁华为侵华日军服务，他坚辞不从。当时日军对我东北的狼子野心暴露无遗，郁华坚持民族大义。为摆脱日军纠缠，郁华星夜潜藏皇姑屯农家，随后又化装兼程回到北平。

1932年，郁华出任国民党政府设在

汪伪国民党中央执行委员会特务委员会特工总部

上海租界内的江苏高等法院第二分院刑庭庭长，并兼任东吴法学院、法政大学等大学教授。在这段时间内，郁华基于其正义良知和法律素养，多次营救进步人士，积极帮助田汉、阳翰笙等革命者。

1923年3月28日，由于叛徒告密，时任中华全国总工会宣传部部长、全国海员总工会党团书记的廖承志，被国民党勾结公共租界巡捕房逮捕，监禁在租界拘留所。他们突击审讯，逼迫廖承志说出上海地下党名单，又暗示他母亲可能有危险，但廖承志毫不退缩，怒斥国民党勾结外国人迫害革命志士的罪行。3月30日，江苏省高等法院上海分院刑事一庭开庭审理，主持审讯的庭长正是和柳亚子相熟的郁华。柳亚子前往旁听，郁华将南京军法处要求将廖承志引渡到南京的消息告诉了柳亚子。这为其他方面营救廖承志赢得了时间。柳亚子立即将情况告诉了何香凝。中国民权保障同盟在宋庆龄的主持下，召开了临时执委会议，随即发表宣言，要求立即释放廖承志。在各方面努力下，廖承志最终获释。廖承志出狱后，何香凝为表示谢意，亲自绘制一幅《春兰秋菊图》赠送郁华。1954年又在画上补写题词："1933年承志入狱，其时得曼陀先生帮忙，特将此画纪念。"同年5月，郭沫若见到画和题词，又在画端题诗一首："难弟难兄同殉国，春兰秋菊见精神；能埋无地天不死，终古馨香一片真。"

郁华的正义言行深深影响了其弟郁达夫，郁达夫的很多壮举也都和郁华有关。学者李剑华在回忆郁达夫的文章中说："达夫先生……同情革命，富有正义感，在20世纪30年代的腥风血雨的岁月里，曾通过他在法院工作的哥哥郁曼陀，着实营救了不少共产党同志。"而郭沫若先生后来在为郁华撰写的碑铭中也说道："先生持法平而守己刚正，有投书以死相威胁者，先生不为所动，爱国青年之得庇护以存活者甚众。"

文采风流，英灵与青松常在

民国初年，临时大总统黎元洪，因郁门婆媳戴氏和陆氏两代守寡奖掖子孙，亲笔题词赐匾额"节比松筠"。郁华因此命名其居为"松筠别墅"，作为奉母养老的小筑。相对于郁达夫而言，其长兄郁华被人们渐渐淡忘。但其实郁华的诗文也有相当的功力。早在辛亥革命前夕，郁华就参加了柳亚子等人组成的进步文学团体——南社，积极倡导文章气节，常以诗画抒发爱国热忱。有《静远堂诗画集》《郁曼陀陈碧岑诗抄》等著作。柳亚子评郁曼陀的诗是"鹏举冲冠之作，文山正气之歌"。

郁华对诗词书画均有较高的造诣和研究。在日本留学时，郁华曾在报刊发

表六十七首《东京竹枝词》，被传诵一时，并得到日本汉诗泰斗森槐南的高度评价。

郁华回国后继续进行诗歌创作，在诗歌里热忱抒发他对祖国山河的热爱及其报国效民的心志。在一首题为《乙亥中伏逭暑牯岭》的诗中，郁华写道：

人世炎威苦未休，此间萧爽已如秋；
时贤几辈同忧乐，小住随缘任去留。
白日寒生阴壑雨，青林云断隔山楼；
勒移那计嘲尘俗，且作偷闲十日游。

郁华在殉难之前，曾给夫人陈碧岑写过一首诗：

劫余画稿未全删，历历亭台忆故关。
烟影点成浓淡树，夕阳皴出深浅山。
投荒竟向他乡老，多难安容吾辈闲。
江上秋风阻归棹，与君何日得开颜。

这首诗语句清丽，情意深沉。特别是“多难安容吾辈闲”一语，表达了郁华忧国忧民的情怀和报国济世的心志。

一身正气，惨遭汪伪特务暗杀

1937 年 10 月，上海租界沦为“孤岛”。抗战前国民政府在租界内设置的特区法院继续运行。但日军的觊觎之心未死，从 1938 年开始多次跟租界交涉，要求接管租界内的中国法院，并将法院归汪伪政府管辖。美、英、法诸国政府因只承认蒋介石国民政府，拒绝了日本要求。于是日本人将争取租界警察权和中国法院管辖权的重任交给汪伪上海 76 号特工总部承担。

“76 号”接受重任之后，以暗杀、绑架等替代了外交谈判。租界当局不得不加强各法院的武装戒备，同时由警务处派出武装人员接送司法人员上下班，对于院长、刑事庭庭长等高级人员，甚至由装甲车接送。但对此项保护举动并不是所有人都能接受，更多的中国司法人员认为这是向特务示弱而宁愿步行或者通过其他交通工具上下班。郁华便是其中一位，他拒绝了租界当局的好意，坚持自备包车上下班。

1938 年 4 月，日伪特务在上海马路上枪杀了著名的文教界和宗教界进步人士、沪江大学校长刘湛恩博士。郁华在审理这一案件时，不顾自身安危，当庭斥责刺客并判以极刑。刘湛恩之子刘光华说：“我曾亲睹郁华庭长不顾自身安

郁氏三兄弟，左起：郁达夫（文）、郁华（曼陀）、郁养吾

红色记忆

郁　华

郁华的夫人陈碧芩在香港

危，当庭痛斥被现场群众捕获的刺客曾某，并判以极刑，其高风亮节、秉公执法确实令人佩服。”由此敌伪汉奸都对郁华恨之入骨。

1939年春，郁华接到署名“反共除奸团”的恐吓信说：“如果不参加我们组织，你的生命难保。”郁华泰然处之。敌伪又许以高官厚禄，郁华又严词拒绝。友人多次劝他外出避祸，他却说：“国家民族正在危急之际，怎能抛弃职守？我当作我应该做的事，生死就不去计较了。”他坚守自己的司法岗位，并积极支持夫人陈碧岑和大女儿郁风从事抗日活动。

1939年7月，“76号”特务又在租界寻衅，袭击《中美日报》报社，并打砸抢《大晚报》报馆，捣毁了排字房，打死打伤排字工各一名。租界巡捕闻讯赶来，特务们开枪拒捕，后有几名“76号”特务受伤被捕。此案进入司法程序之后，几名被捕特务经公共租界上海第一地方法院一审判处死刑。“76号”的头子李士群、丁默邨策动被捕特务上诉，同时写信给即将承接此案二审的郁华，要求他撤销原判，宣布被告无罪，并威胁郁华说不这样的话后果将极其严重。郁华对此嗤之以鼻。在后来的审判中，郁华坚持正义，驳回上诉，维持原判。“76号”闻讯后恼羞成怒，随即命令特务夏仲明、吴振明、潘公亚等人布置暗杀。1939年11月23日，日伪特务对郁华实施暗杀，郁华身中三弹而牺牲。

郁华是抗战以来上海租界内第一个遭到汉奸特务谋杀的中国高级司法人员。噩耗传来，胞弟郁达夫奋笔挥就挽联一副：“天壤薄王郎，节见穷时，各有清名闻海内；乾坤扶正气，神伤雨夜，好凭血债索辽东。”

郁华被杀害后，夫人陈碧岑将一件血衣暗暗保存下来，请净寺的若瓢和尚代为收藏，1947年4月，富阳地方人士举行公祭，在鹳山修建了“郁曼陀先生血衣冢”。墓额是国民党元老于右任题写，郭沫若撰写《郁曼陀先生血衣冢志铭》，由马叙伦书成刻石。碑文为：

石可磷而不可夺坚，丹可磨而不可夺赤，谁云遽然而物化耶？凝血与山川共碧！

郁华被日伪特务暗杀于上海后，1939年12月，日军入侵富阳，郁母陆太夫人以女性刚烈，在此绝食殉难。

1952年10月，经中央人民政府批准，郁华和郁达夫均被追认为革命烈士。1980年，富阳县人民政府为纪念郁达夫、郁曼陀两位爱国志士，在风景秀丽的鹳山修建双烈亭。亭子正檐，悬挂着茅盾题写的匾额“双松挺秀”四个大字。亭内四根亭柱上对称地挂着赵朴初和俞平伯题写的楹联，“莫忘祖逖中流楫，同领山亭一钵茶”，“劫后湖山谁作主，俊豪子弟满江东”。前者苍劲，后者雄浑。亭北两侧嵌有富阳县人民政府所立的两块镌有烈士肖像和小传的石碑，碑文由著名书法家黄苗子书写，字体质朴舒展，拙中有味；两帧白描肖像出自著名画家叶浅予手笔，形神兼备；亭子中间竖有石碑，刻有郭沫若于1963年为郁曼陀遗画而作的题诗，诗云：

双松挺秀意如何，
仿佛眉山有二苏，
况复埙篪同殉国，
天涯海角听相呼。

（本文选自《纵横》2010年第8期）

心细入微的“好大姐”——蔡畅

文/王 忱

蔡 畅

1937年，美国记者海伦·斯诺曾对女红军蔡畅有这样的外貌描写：“她身材瘦小，仪容优雅，而女性气味十足。说法语时口音柔和，略带咬舌音，这尤其使人感觉她具有女性的风度。她容貌出众，长着一副瓜子脸，高高的颧骨，尖尖的下颏，脸上常带着动人的笑容，露出一排健康的牙齿；尽管因为久经风霜，脸上已有皱纹，但想来她年轻时一定很漂亮。她举止娴静，可是很容易觉察到她是位有个性和毅力的妇女。刚一见面，我就很喜欢她。”

蔡畅原复姓蔡林，名咸熙。1900年5月14日出生于湖南湘乡（今双峰县）。蔡畅与蔡和森两兄妹出身一个破落地主家庭，他们走上革命道路，离不开母亲葛健豪的教育。葛健豪崇尚进步与文明，认定新式教育才能使民智国明。她变卖自己的金银首饰，供自己的两个孩子上学。1913年，蔡和森就读长沙第一师范；蔡畅就读周南女校，在此大大发扬了自己的文艺和体育天赋。而母亲带着三岁的外孙女分别就读于湖南女子教员讲习所和幼儿园。三代人进学堂。葛健豪裹着小脚吃力地参加体育课，操着乡音刻苦地读英语，在当时的长沙传为美谈，县官对此批了“奇杰可嘉”。这还不是葛健豪求知的终点，几年后，她就跟随蔡和森、向警予夫妇以及蔡畅一起去了法国。

1916年，十六岁的蔡畅在校长朱剑凡的帮助下，在周南附小留校教体育，每月八元的薪金虽不多，但也大大缓解了家中的困难。周南附小是蔡畅做妇女工作的起点，她教育出的女生，个个生龙活虎，篮球、田径、垒球样样精通，性格也豪爽大方，大扫旧中国少女所常有的闺秀病气。正如1985年蔡畅为母校题写的校训所云：“诚朴、健美、笃学、奋进。”

1917年，蔡畅跟随兄长蔡和森，加入了毛泽东、萧子升等创立的进步青年团体新民学会，指点江山，激扬文字，好不意气风发。

1919年12月25日，经法华教育会安排，蔡畅赴法参加勤工俭学，就读于蒙达尼女校。法国的自由、平等、博爱的民主精神和宽容的人道主义影响了蔡畅的一生。

1949年，蔡畅在给妇联讲话时曾谈到自己在白区工作被特务盯梢，后来躲进一座教堂，修女把她藏在圣坛后面的往事，她感慨道：“没有群众的援助，许多同志活不到今天啊！”在那个教堂一度被看作魔窟，修女被当作“圣母军”抓的年月里，蔡畅却坚持己见，在她的眼里，修女也是群众的一部分。

法国左翼运动高涨的情况下，一些社会现实促使许多中国学生变成了马克思主义者。在哥哥蔡和森的介绍下，蔡畅认识了李富春。李富春心思缜密，性格温和，曾经在施奈德兵工厂当钳工，后来又成了火车修理工。年轻的他眉清目秀，曾细心地照顾生病的葛健豪，与蔡畅不仅谈社会主义理想，更谈文学艺术，两人之间慢慢产生了感情。1923年3月的一天，他们结为夫妻。对此，蔡畅曾戏谑地说：“我只想读书不想结婚，结婚的人大都过着不快乐的生活。哥哥和毛泽东亦是一样，宣言他们终身不娶，他们之所以能够和我做好朋友，这亦是一个原因，但不久之后，我们三人却全都快乐地结了婚。”

也是在这一年，蔡畅加入了中国共产党。不久，李富春和蔡畅前往莫斯科东方大学学习。他们夫妻之间非常恩爱，李富春亲热地叫蔡畅“姐姐”。他们常常很自然地流露出夫妻间应有的亲昵，引得当时还比较封闭的国人非常惊叹。在苏区时，常有百姓感叹他们是天造地设的一对夫妻楷模；在长征行军的时候，还有相熟的干部嬉皮笑脸地对蔡畅开玩笑：“等会儿见到李大哥，可有情书要传递？”1950年，蔡畅去苏联探望李富春，他们在机场长吻，引得苏联朋友高喊：“这才是真正的一对！”

1925年，蔡畅和李富春回到了中国，投入大革命中去。蔡畅先后担任中共两广区委妇女运动委员会书记，同时出任国民党中央妇女部干事兼妇女运动讲习所教务主任、国民革命总政治部法文翻译，中共江西省委和湖北省委妇女部部长兼北伐军政治部宣传科科长等职务。她协助何香凝开展妇女运动，虽然当时年仅二十五岁，但因为干净利索的工作作风，经常被群众称为“蔡大姐”。蔡畅安排讲习所课程，培养妇女干部，还经常检查“贫民医院”和“党立红十字会”等专门为穷人看病的医院的工作。

在武汉的时候，蔡畅致力于发展妇女协会的工作。1927年3月8日，湖北省第一次妇女代表大会在武昌青龙巷召开，造成了很大的影响。妇协成了广大妇女的“护身符”，不仅打骂老婆和侮辱婢女的事情妇协要管，而且许多无家可归的女子到了妇协之后就不走了。没有经费，蔡畅就动员大家想办法，办起了一个娱乐部，让两位老艺人在汉口租了个场子进行义演，解决了部分投奔妇协的妇女的食宿问题以及日常办事的部分经费。

在大革命失败乃至“清党”时期，蔡畅的两个哥哥和嫂子因为革命被杀害，还有一个嫂子和侄子被关进监狱，但是蔡畅没有对此流露出太多的悲伤，而是将其看作必须付出的血的代价。她说：“在革命过程中，残酷的打击和不幸的遭遇总是难免的。我的损失比徐海东小得多，他全族近七十人都在湖北被杀害了。”

这段时间，蔡畅与李富春一起住在上海、香港，从事地下工作，其间还前往莫斯科参加了党的六大。1931年11月，蔡畅和李富春秘密进入中央苏区。

1941年蔡畅与丈夫李富春在延安合影

因为工作能力强、资历老，加之人缘好，蔡畅在中央苏区担任了江西省委组织部部长和白区工作部部长及江西省苏维埃政府工农监察委员会主席等职。虽然蔡畅的工作都非常重要，地位非常高，但她对地位、荣誉并不看重。她的想法就是提拔更多的基层干部，让更多的人会干、能干、肯干，并让这些人才在适合的工作岗位上发光发热。为此，她经常把一些重要的职务交给苏区新发现的年轻干部，而自己带头让富有经验的干部们甘居幕后，辅佐、帮助和锻炼他们。比如杨尚奎、罗孟文、谢明仁、钟循仁、李美群、万香、黄长娇、谢玉等，都是被蔡畅培养出来的本地干部。

在苏区，蔡畅喜欢下乡巡视，她由衷地喜欢那首《苏区干部好作风》的山歌，正如歌中所唱：“苏区干部好作风，自带干粮去办公。日着草鞋走山路，夜打灯笼访贫农。”蔡畅巡视的时候，遇到问题就及时处理，好人好事她记在心里，随时准备表彰和上报。遇到坏人坏事，她的心里更是有本账，有些问题她会直接发动群众对那些落后乃至做错事的人进行批评和教育，而一些性质恶劣的，她就以工农监察委员会主席的身份对其进行法办。当时农村有不少家庭仍然存在着歧视和殴打妇女的行为，每次遇到这样的事情，她都会看作老百姓的内部矛盾，尽量调解，或者说服教育。但是蔡畅对溺弃女婴的行为却无法容忍，她一定是要依法制裁的。她总是尽力让政府的工作做得周到，以便使老百姓育儿的负担能够减轻，这样就控制了溺弃女婴行为的动机。她召开妇女干部大会，组织起各村的老婆婆，成立“带孩子组”，保证孩子们能够得到最好的照顾。

巡视除了发现问题，当然还有发现人才。兴国县委妇女部长李美群，是个著名的扩红模范，蔡畅注意了她很久，以后又一起访贫问苦，调查研究，晚上在一个床上睡觉。李美群的丈夫钟延章刚刚牺牲，她为此非常抑郁，沉浸在悲痛之中。蔡畅在想方设法地安慰她的同时，也举出自己的例子，讲向警予和蔡和森烈士的惨死，她说：“这些暴行吓不倒我的，反动派这样做，只能让我锻炼得更加坚强！”李美群听了之后，深受鼓舞，不久就重新组建了家庭，继续努力为革命工作。

很快，苏区的红军指战员以及干部群众就发现了一个小规律——凡是和蔡畅因为感情以及爱情问题促膝谈过心的人，过不了多久就会收获一个爱人。在延安流传着这样一个故事，有一次蔡畅到中央党校，看到一个女生正在为失恋而抽搭着。她关切地对女生说道：“你这么年轻，工作、学习又好，他不爱你了，不要哭，会有人爱你的。”话虽是这么说，但在蔡畅的精心“运筹”下，姑娘不久就发现自己所眷恋的小伙像被施了魔法，红着脸来重归于好了。的确，蔡畅点了太多太多的革命鸳鸯谱，因为每个人都信任她看人的眼光。

为了进一步锻炼李美群，李富春和蔡畅任命她去少共江西省委组织部当部长。李美群觉得自己只是个普通农妇，没有信心干好这样重要的工作，于是希望蔡畅把这份工作交给别人。蔡畅教育了她一番，告诉她要服从组织的安排，正确处理组织和个人的关系，并同时给予她极大的信任。于是李美群答应赴任，后来通过她自己的努力并加上同志的帮助，工作干得有声有色，能力也有了很大提高。不久她又升任江西省委妇女部部长，虽然职务更重要了，但是她一样做得很出色，成为中央苏区有名的妇女工作模范。她的成长，离不开蔡畅的心血。

蔡畅赞赏中央苏区客家妇女的勤劳和勇敢，她常说：“当地的妇女干部，有惊人的记忆能力。开会布置工作，她们一个字也记不下来，回去全凭记忆传达，基本精神都能不丢不漏，请她们汇报工作，她们也靠记忆说，有条有理，有全面情况，有典型例子，连数目字也不会有差错，这样的妇女干部如果有了文化，就如虎添翼了。”

于是，她想尽各种办法提高妇女干部的文化水平，各省都举办了妇女干部训练班，她常常亲自监督和帮助女干部

们提高文化水平，态度是严格且一丝不苟的。她曾经亲自给危秀英和邓石香等制订学习计划，规定她们早上5时就要起床，学一个钟头的文化再干别的事，还手把手地教她们写字。

蔡畅对于个人的私有财产毫无概念，凡是自己有的东西，她都要拿出来和同志们一同分享。每次一分伙食尾子，相熟的一些同志就要求他们请客。“蔡大姐，请客哟！给大伙打打牙祭么！”带头的不用说，一定是陈毅。如果没有陈毅带头，许多同志也会这样表达。有一次邓小平在宁都劳动，遇到了危秀英，他面有菜色地说：“秀英你要回省委吗？告诉蔡大姐，我在这里吃不饱饭，肚子饿得紧。”

听到邓小平诉苦，危秀英连忙把事情告诉了蔡畅，蔡畅就和李富春一起找出两份伙食尾子，加上危秀英的份，到街上买了两分钱的猪油，以及大蒜、辣椒。蔡畅用这些料炒了一盘菜，煮了一脸盆干粮，叫危秀英去招呼邓小平来吃。听到有饭吃，邓小平连声说：“好好好，走走走。”然后美美地吃了一盒饭。

蔡畅从来不计较自己能不能吃饱，她和李富春每次都要省下些饭菜留给饭量大的年轻人。别看危秀英虽然个子小，但胃口非常好，如果蔡畅和李富春去开会没有回来，她就和几个小伙伴一起把蔡畅他们的菜吃光，只留下菜汤给他们。蔡畅见状，不仅不生气反而兴冲冲地说：“你看年轻的同志一上桌子就打冲锋，三五下一盆菜就没了。我们是打扫战场的专业队，所以吃点菜脚子，呵呵。”蔡畅夫妇就找来几个辣椒切碎拌些盐下饭，省得在菜汤里捞针了。这时几位年轻人感到挺不好意思，他们在心里默念，下次少吃点，可是到了下次，冲锋照样很猛烈。

1934年，蔡畅与李富春一起参加了长征，因为事务繁忙，两人见面并不多。这段征程蔡畅主要和勤务员曹昌以及马夫肖贤忠度过。蔡畅像一个真正的姐姐那样督促他们洗脚，注意卫生以避免病倒，然后给他们讲故事，教小曹文化，一起挖野菜、搓青稞面。

在这段作战频繁、行军艰难的日子里，蔡畅是女红军里最精神焕发的一个。虽然她胃病不轻，但很少骑马，更不睡担架，还经常给大家唱《马赛曲》，是中央红军中人人皆知的“红歌星”。如果遇到了邓小平、聂荣臻、萧劲光等去过法国留学的老朋友，他们还会用法语一起合唱。行军途中，她经常高唱《国际歌》和《马赛曲》等歌曲，激励战士们的斗志，召唤他们奋起，鼓舞他们前进。

蔡畅唱完歌，组织上分配给她来照顾和培养的红小鬼殷桃就会第一个鼓掌，三十多岁的马夫肖贤忠轻轻地把骑在蔡畅骡子上的伤病员扶下来，送到医院去。然后，老肖就开始细心地擦洗着蔡畅的骡子。而蔡畅则总是精力充沛地听取同志们的工作汇报。

每当汇报完了，蔡畅总还要细心地看看大家的脚，然后不厌其烦地督促大家立即去烧水烫脚，挑破那些泡泡。而提醒完女同志们之后，她还要叫住老肖和殷桃，揪着他们去烫脚。

蔡畅的事务繁忙，因为她要负责地方群众工作。突破了国民党军第一道封锁线后，红军就算进入了白区，苏区的钞票也就不能使用了。蔡畅的丈夫、红军总政治部代主任李富春根据没收委员会拟定的文稿，发布了一个《没收捐款

蔡畅与邓颖超的合影

暂行细则》，提出红军新占的县城，一切没收、征发、捐款等工作，都由进城部队的最高政治机关及没收委员会统一进行。这样一来，蔡畅就更忙了，因为她还得经常参加没收工作。

没收的同时，细心的她记着每一位同志的需要。光着脚的刘英没有鞋穿，她设法从没收物品里面寻了一双小布鞋；而曾玉生了孩子，体格虚弱，她就找奶粉等营养品送给她。每一个同志的苦与乐，她都看在眼里，记在心里。危秀英依然像在苏区那样能吃饭，有一天她招呼危秀英、廖似光、刘彩香、邓六金四个人吃饭，结果自己的一盆子干粮都被吃光；过草地的时候，邓颖超重病，她流下了悲伤的眼泪；过雪山的时候，邓六金吐血，她一直到陕北都记得，蔡畅给她送药的同时还嘱咐她先别着急工作，把身体养好再说。

蔡畅本人在长征途中坚持与大家平等。有一天，部队宿营在一个叫分水岭的小山，看到又下大雨，老肖找了一处地势稍高的土坡，然后用绳子把蔡畅的雨布挂在小树枝上，这样就形成了一个帐篷。搭完帐篷后，他就和曹昌一起戴着破斗笠，去找个地方睡觉。

可是蔡畅生气了，她把他们拉了回来，背靠背一起到小帐篷里挤。雨衣披在自己和曹昌的身上，斗笠放在老肖的腿上，虽然三个人都淋到了一点雨，但是心里却是温暖的。

长征到达陕北后，蔡畅继续从事着繁重的工作。从 1941 年担任中央妇委书记算起，蔡畅担任全国妇联主席、党组书记等妇女工作最高职务连续数十年之久。为响应中央废除干部领导职务终身制的号召，1982 年，她先后辞去了党和国家的一切领导职务。1975 年，时任国务院副总理，主管经济工作的李富春逝世，蔡畅以李富春和自己的名义，分两次把全部积蓄十三万元，作为党费捐出。秘书劝她留一点给自己的亲属，她说："他们都有自己的收入，钱够花就行了。这些钱是党和人民给我们的，应该交还给党和人民。"在此之前，她和李富春曾多次回顾过，在法国他们就是把自己挣的工资当作党的活动经费。在蔡畅的内心，党员理所应当交纳收入和党费来养活党，而不是伸手向党要钱。

长征英雄　海南女杰

文 / 黄进琪

在波澜壮阔的中国革命战争中，有一位传奇式的女英雄。她从十六岁起就在中共高层领导身边工作；她是中央红军（红一方面军）三十名长征女战士之一；她曾是海南早期妇女武装的领导者；她曾是南洋临委、马共中央机关的工作人员；她曾是刘少奇的夫人；她曾是抗日前线威震敌胆的“谢团长”；她曾是新中国第一代法学教育家；她曾是政法公安教育战线上的辛勤园丁……

谢　飞

她，就是全国政协委员、中央人民公安学院原副院长谢飞。

谢飞在八十五年的革命生涯中，经历了太多的坎坷和磨难，她为中华民族的独立和解放，为中华人民共和国的诞生做出了卓越的贡献。

谢飞，原名谢琼香。1913 年 2 月 3 日出生于广东文昌县（今海南文昌市）湖山区茶园村。谢飞家境贫寒，小时候放牛、割草、织渔网，十一岁就自食其力。她从小受革命思想熏陶。1927 年 2 月加入共青团，8 月入党。由于谢飞的三哥是赤卫队指导员，因此她也参加了赤卫队，还动员华侨捐献枪支，收缴散落在民间的大炮和枪弹，积极准备武装起义。谢飞受命兴办妇女平民学校，发动姑娘、媳妇参加妇女协会。她当选为湖山区委委员兼区委妇委书记，成为当地妇女解放运动的领头雁。

1934 年夏天，谢飞秘密到达瑞金。同年 10 月，在错误路线的指导下，第五次反“围剿”严重失利，中央红军被迫长征。谢飞等三十名女红军编入卫生部干部团，紧随八万红军将士紧急转移。她和战友们一路行军，一路宣传党的政策，撒播革命火种。她们虽不直接参加战斗，但同样面临生死考验。12 月，红军进入贵州黎平县，沿街满目凄凉，老百姓的血汗都被国民党榨干了。谢飞和战友们打开挎包，慷慨地将心爱的衣服、毛巾和日用品送给老乡。

1935 年 5 月，红军来到大渡河安顺场。上级命令三天行军三百二十里赶到泸定桥，休养连的女战士踩着羊肠小道飞奔。这时谢飞正发高烧，董老让她骑马，她硬是撑着，拄着拐杖紧跟队伍，一步步向前颠。快到泸定桥时，大雨如注，山路崎岖狭窄，战士们三步一摔，五步一跌，队伍简直在“滚进”。有的战友担心谢飞过不了泸定桥，提议将她寄在老乡家里。“寄”这个字眼，意味着失去部队和战友。倔强的谢飞说：“不，只要我还有一口气，就要跟着红军走到底！”在泸定桥冰冷的铁索桥上，她一点一点地向前挪动。每蹭一点，虚汗一片，半个多小时，她终于蹭过了泸定桥，并以惊人的毅力赶上了队伍。

中央红军翻越的第一座雪山是夹金山，海拔四千多米。上山前，谢飞和战友们到小山村买了些红辣椒、生姜和大蒜，她将上级发的羊毛和棉花缝在两件单衣中间，就是靠这件“羊毛衣”翻越了五座大雪山。8月下旬，右路红军进入松潘大草地，浓雾迷蒙，忽而风，时而雨，继而冰雹，变幻莫测。谢飞没有帽子，只能头顶脸盆，在风雨中前行。傍晚，谢飞和战友们在小丘露营，她们或蹲或坐，有的抱膝屈腿苦挨苦撑。8月底，右路军经过七天七夜的艰难跋涉，终于走出了茫茫草地。

1935年10月，中央红军胜利到达陕北。对于红军将士的婚姻大事，大姐们热心牵线。这人间的爱情之花，便一朵朵地开放。红军女战士相继有了自己的小家。刘英嫁给了张闻天，钟月林嫁给了宋任穷，谢飞经邓颖超牵线，嫁给了刘少奇。结婚后她改名谢飞，但人们仍习惯地叫她“阿香”。

当时，刘少奇任中华全国总工会西北执行局委员长，谢飞在检察部工作。她常陪刘少奇到工厂视察。瓦窑堡会议后，中央决定由谢飞陪同刘少奇去华北，加强北方局领导。白区环境险恶，随时有生命威胁。刘少奇公开身份是“周教授”，谢飞是“周太太”。刘少奇运筹帷幄，领导北平、天津、山西、山东、河北、热河、察哈尔等地党的工作。刘少奇深夜工作累了，谢飞就悄悄送上一杯新茶；刘少奇的文章，谢飞都是第一读者；谢飞抄写、管理机要文件，传递信件，保护刘少奇的安全。

七七事变后，中央指示在太原重建北方局，刘少奇任书记。日军节节进逼，华北大部沦陷，北方局南迁临汾。11月

战争年代的谢飞

1957年1月15日，毛泽东主席在接见中央政法干部学校学员时与谢飞亲切握手

谢飞老人

下旬，谢飞随刘少奇回延安开会时，组织上安排她到中央党校学习。1938 年 5 月 15 日，马克思诞辰 120 周年之际，中央在延安创办马列学院。谢飞成为第一班学员。他们经常聆听毛泽东、周恩来、朱德、彭德怀等中央领导的报告。

中共六届六中全会作出“巩固华北，发展华中”的战略方针，中央决定刘少奇兼任中原局书记，统管长江以北河南、湖北、安徽、江苏党的工作。刘少奇于 1939 年 1 月抵达河南确山竹沟，立即组建中原局。不久，从马列学院毕业的谢飞奉调新四军工作，她奔赴竹沟，任中原局组织科科长，协助刘少奇工作。面对日军暴行，谢飞义愤填膺，主动请战，出任鄂豫皖区党委委员、舒（城）无（为）地委常委兼组织部部长，着力加强组织建设，发展抗日武装。1940 年秋，谢飞受刘少奇重托，过江到皖南给项英送信，因日伪封锁交通，谢飞过不了江，从此与刘少奇中断联系。

谢飞出任路东特委宣传部部长兼江南社副社长、《大众报》负责人，她带领大家穿梭在水网地带，和编辑们一起搞调研。她写的评论文笔生动，贴近群众。她领导的《大众报》《江前》半月刊，对苏南地区的抗日运动发挥了极其重要的作用。

1942 年底，谢飞被派往浙东，任余上县委书记兼余上县自卫大队大队长、特务营政委。她布衣布鞋，走村穿巷，平易近人，悉心指导工作。指挥作战果断，智勇双全，频频打击敌人，让敌人闻风丧胆，被誉为“谢团长”，颇有女将军风度。抗战胜利后，谢飞先后任华东妇委会常委兼组织部部长、华东局驻大连办事处处长、东北纺织工业部职工学校校长。

1949 年 5 月，谢飞调任华北革命大学三部副主任，继任中国人民大学专修科主任。为提高法律素养，谢飞于 1953 年考入人大法律系研究生班深造。研究生毕业后，被周总理任命为中央政法干校副校长，成为新中国第一代法学教育家。她以丰富的实践经验和理论水平引领学子，她当年的学生日后大多数成为我国公检法领导骨干，或国家的栋梁之材。

（本文由北京新四军研究会供稿，有删节）

亲历平原抗战硝烟

口述 / 黄新廷　整理 / 胡立言　孙彦新

黄新廷将军

黄新廷（1913—2006 年），1913 年生，湖北洪湖人。1928 年参加革命，1931 年参加红军，历任红军连长、营长、团长，八路军团长、旅长，解放军军长，志愿军军长，成都军区副司令员、司令员，装甲兵司令员，国防委员会委员等职。1955 年被授予中将军衔。

抗日战争中，八路军三大劲旅之一的第一二〇师，在贺龙和关向应的领导下，前出平西，东进冀中，南下湘粤，北上大青山，转战晋察冀，三进陕甘宁，屡建战功，书写了抗战史上精彩的一页。

1938 年秋末冬初，五万日军围攻晋察冀边区。

我三五八旅接到贺龙师长和关向应政委的命令，进入晋察冀，归聂荣臻指挥。

11 月 3 日，侦察分队的情报显示，日军蚋野大队七百余人昨日孤军深入，

抗战中的黄新廷将军

黄新廷在向贺龙做汇报

1966 年贺龙考察成昆铁路时与黄新廷（右一）合影

旅长张宗逊命令我们在日军返回途中将其歼灭。我七一六团担任主攻。

日军自高洪口到达滑石片只有十公里，而我军到达滑石片有二十五公里。只有先敌到达，才有取胜可能。许多连队做好的饭都顾不上吃就出发了。晚上9时30分，我们到达滑石片时，日军的皮鞋声、马蹄声也传来了。我和政委廖汉生马上命令三营拦头阻截日军纵队，一营截敌退路，二营从中分割歼敌。打破惯例，不留预备队。

三营刚下到谷底，日军尖刀分队十余人已经过去。九连副连长张祥云带领的突击队向日军猛烈开火，阻止大队人马前进。已过去的日军听到枪声立即回头接应。突击队两面受敌，寡不敌众。伏击战实际上成了遭遇战。二营迅速冲入敌纵队，拦腰分割，并控制了制高点东侧山坡上的一座小庙。一营三连也封死了日军退路。我团将敌人分割成数段。经彻夜激战，将蚋野大队全部歼灭。

我团以一团之力歼灭日军一个大队，这在当时是创纪录的，出乎许多人的意料。当时派驻一二〇师的国民党上校联络参谋陈宏谟对我们团的劣势装备十分了解，不相信我们能歼灭日军一个精锐大队。贺龙让我送两件战利品给他，我选了一把日军军官的指挥刀、一双皮靴送给了他。国民党骑兵第一军军长赵承绶将军十分感动，将他们的后勤基地让了出来给我们驻防。

1939年我们奉命开赴冀中，执行巩固冀中根据地发展游击战争、帮助八路军三纵队和扩大自身力量三项任务。我们到达当天，日军调集七千余兵力，发起围攻。

当天我和廖汉生就向贺龙汇报了战斗情况。贺老总提醒我们说：“别光顾发洋财喽！搞不好今晚就有你们的苦头吃。”

贺老总的判断十分准确。我们避其所长，采取近战歼敌的办法，白天防守，夜晚反攻。日军炮火轰击时，隐蔽防护，待日军接近我阵地五十米时，各种火器一齐开火，给敌以突然打击。三营两个连队一百余人挡住了日军四百余人的冲击。日军进攻受挫，竟丧心病狂地施放毒剂，我们就用毛巾包雪捂住口鼻防毒。

我军以夜战见长，于23时全团发起反冲击。双方展开了激烈的白刃格斗。这一仗，歼灭日军三百余人，缴获大车八十余辆及一批枪支弹药。日军大队长汤田四凯也被击毙。兄弟部队还乘势收复了任丘县城。

九天内三战三捷，亚六团（七一六团的代号）的名声在冀中大平原上不胫而走，让敌人闻风丧胆。

（本文选自人民网）

千里一线反“绞杀”

口述/赵南起　整理/高　芳　秦千里

赵南起将军

赵南起，1927年4月出生于韩国忠清北道清原郡，朝鲜族。中国共产党党员。中国人民解放军高级将领，上将军衔。曾任全国政协副主席，中央军委委员，中国人民解放军总后勤部部长，中国人民解放军军事科学院院长等职。

临危受命

1951年的七八月间，朝鲜遇到了几十年不遇的大洪水，给志愿军后勤带来了灾难性的影响。各种桥梁被冲坏的共二百零五座，铁路路基被冲坏了四百五十多公里，交通中断。

美军趁机从1951年8月18日开始，集中了一千两百多架飞机（约占侵朝空军80%的空军力量，多的时候达到一千四百多架，海军航空兵也参与协同作战），对我志愿军发动“绞杀战”。

“绞杀”，顾名思义，就是选择我们交通运输枢纽最窄的区域进行集中轰炸。这个咽喉地区位于新安州、介川、顺川形成的三角区。一开始是对新安州、介川、顺川、平壤大三角的三百多公里；后来，敌军感到范围太大，轰炸起来太分散，又缩小到新安州、介川、顺川的一百五十公里的小三角地区。美军妄图通过这个办法，掐断志愿军的后勤供应，让前方的指战员没粮吃、没弹打，自己死亡。

1951年9月至12月间，在这个“三角地区”的几段仅长七十三公里的铁路线上，美军飞机投弹三万八千多枚，平均每两米投弹一枚。正面战场，以美军为首的联合国军在发动“绞杀战”的同时，又开始对我军发起“夏季攻势”，猛攻中朝部队阵地，并在谈判桌上发出了“让炸弹、大炮、机枪去辩论吧！”的狂妄叫嚣，企图以立体攻势迫使志愿军认输。

前方战事激烈，后方洪水与敌人的

美军实施空军绞杀

“绞杀战”同时肆虐，志愿军的后方运输线被严重破坏。鸭绿江以北物资堆积如山，前方激战中的部队却缺粮少弹。志愿军的后方勤务保障体系处于极其困难的状况，面临严峻的考验。

面对这场绞杀与反绞杀之间的战争，彭德怀给志后（志愿军后勤部简称）下令：要不惜任何代价保证前方的供应，坚决战胜美军的“绞杀战”。洪学智在志后党委会上强调：“现在，志后的工作就是一条，把物资运到前线，保证作战部队粉碎敌人的进攻。”

当时我负责后勤运输工作。可入朝前我一天也没搞过运输，对运输工作一窍不通。可是，任务落到了我头上，我只能硬着头皮去干。

“绞杀战”开始的头十来天，我晕头转向，想不出一点办法。从鸭绿江到前线，一共是三百公里的运输线，“绞杀战”以前的运输方法是：先铁路运输二百公里，然后汽车运输一百多公里到前线。“绞杀战”以后，铁路终点比以前大大收缩，铁运路线缩短了一百公里，而汽车运输路线增加到二百公里。本来后勤的运力就严重不足，现在汽车运输线又延长了一倍，更增加了运输难度。

但是，人就是这样，只要肯动脑就会有办法。我在志司工作期间耳闻目睹了彭德怀的战争指挥艺术，他的战略指导思想深深影响了我。在纷繁复杂的事物中，总有某种占主导的因素在左右着其他事物，这就是主要矛盾。抓住了主要矛盾，其他问题就迎刃而解了。就这样，在志后首长的直接领导下，我想出了五个办法。

一是，在“绞杀战”的三角地区，汇集四种力量。铁道兵抢修铁路，高炮部队负责打敌机，军管局分管铁路运输，后勤负责装卸车和汽车运输。这四个部门原来各自为政，出了问题就互相推诿。铁道兵埋怨高炮，说他们一个飞机也打不下来；运输埋怨铁道兵，说铁路修得太慢，影响到他们的运输跟不上……四个部门互相埋怨扯皮，而前方物资非常紧张，形势非常严峻。我到现场发现这个问题后，经请示领导同意，组成了联合指挥部，联合办公。铁路抢修部队、高炮部队、铁道兵、后勤部，四个部门每天碰头，共同分析前一天对敌斗争的经验和教训，并研究下一步的措施，然后去分头落实。敌人投弹是有规律的，昨天炸过的地方今天就不会再炸了。根据这一经验，把高炮部队一分为二,一部分负责重点地带，一部分打游击。这样，高炮配合得比以前好了。抢修部门也是如此。敌机两吨炸药扔下来，需要两千多方土才能填满弹坑。哪里有土，抢修部门都事先勘察好、准备好，铁运和后勤分部就据此主动配合。这样一来，四种力量配合好了，不再互相埋怨，工作效率有了很大的提升。

二是“集中对集中”。敌人一开始是对三百公里的三角地带集中轰炸，后来缩小到一百五十多公里的小三角，最后是七十多公里，轰炸越来越集中。针对这种情况，铁道兵在这七十多公里内布下六万多兵力，而重点地区则一公里多达两千余人。高炮也是如此，80% 的兵力集中到后勤，其中的 60% 集中在这个地区。这样，敌人集中我也集中，用这种办法，几个月内击落敌机一百零四架，敌机投弹命中率由 50% 下降到 5% 左右，给敌人以极大的震慑。

“集中对集中”的办法也用在了运输上。由于敌机的狂轰滥炸，铁路通车时间十分有限，通常只有两三个小时。为了提高运输效率，我们就采取拼接运输的办法。铁路通的时候，把几辆列车接起来，一起朝前线方向开。本来铁路是双向的，因为空车皮要运回来。但在这时候就顾不上了，一旦铁路通车，优先开行前运列车，四五辆列车一起运行。前方的空车，等以后有时间再说。这样一来，“集中对集中”，一个小时比过去一天的运输量还多。

三是汽车倒短运输。国外军队在战争期间，铁路运输和公路运输有明确的分工，火车把物资运到指定地点，然后由汽车分别运到各部队。两者职责分明，各有负责地段。苏联红军在第二次世界大战期间就是这样做的。志愿军入朝之后，基本借鉴了苏军的经验：鸭绿江向前二百公里由铁路运输到指定地点；剩下的一百公里，再用汽车分别运到各部队。但是，在“绞杀战”中，这种办法根本行不通，因为我们没有制空权，铁路经常被炸，不能保持畅通。修路又需要时间。这种情况下怎么运输呢？我提出搞长区段倒运的办法。铁路虽然断了，但被炸的区段只有一二十公里，前后都还是通的，哪里炸断，就在哪里卸火车、再装汽车，倒过被炸的区段，前边的铁路是通的，再装火车前运。我的办法被采纳后，志后派了五个汽车团一千多辆汽车和四个装卸团，专门担负此任务。用这个办法，四个月的时间里，志愿军一共倒了五千个车皮的物资。

四是五条措施中最重要的一条，就是由过去的摸黑作业转变为照明作业。以前由于害怕敌机轰炸，一到晚上都是闭灯作业。这时我建议借鉴一分部一个兵站的做法，在山头上设防空哨，敌机一来，防空哨就鸣枪，下面听到枪声，就闭灯；敌人飞机走了以后，手电筒晃一下，就又开灯作业。飞机来也就是几分钟的时间，飞机一走，倒短、装卸、修铁路、汽车运输……都开灯作业。这样，就算敌人再狡猾，我们的应变能力也比敌人来得快。以前是摸黑做，现在可以照明了，工作效率成倍提高。志愿军在两千多公里内，共设了一千五百多个防空哨。

五是集中全军运力，统一调度。这也是一个发明。本来，志后对全志愿军的运输力量并没有调度的权力。但是，运输是当时志愿军面临的最大问题，没有全志愿军的支持，只靠后勤的力量根本不可能完成任务。

这些方法现在说起来很容易，可那个时候我压力很大，每天只睡两三个小时。有些方法不是我的发明，比如防空哨，是一个兵站想出来的，第一次用的时候还受到了批评，因为怕暴露目标。但是后来慢慢发现，这种办法很有用，于是就推广开了。

在反“绞杀战”期间，我曾数次到“三角地区”协调工作。每次出发前，我都会给科里的同志留下一封信，并嘱咐

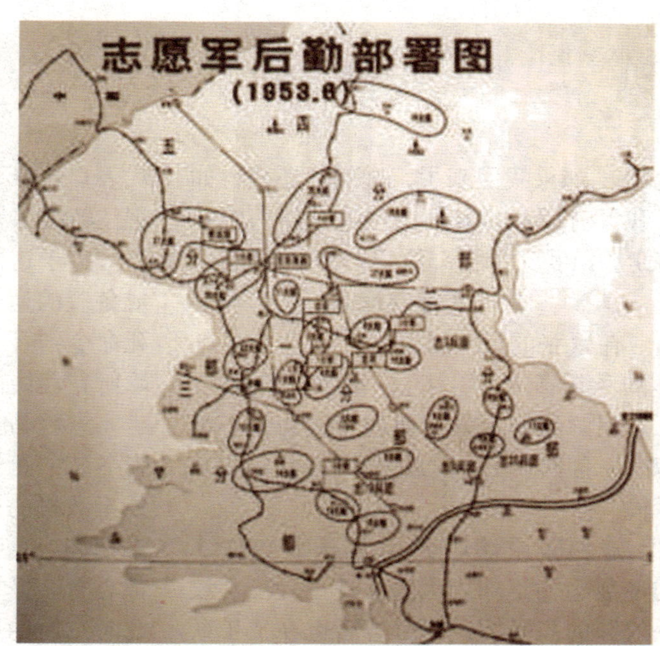

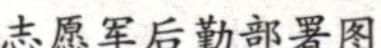
志愿军后勤部署图

高射机枪射手正在学习瞄准及修正提前量的技巧

志愿军在激流中抢修公路便桥

他们:“如果我回来了，这封信还我；如果我没有回来，麻烦诸位把这封信给我寄走，给我父母报个信。”

1951 年冬装运输

在紧张的反“绞杀战”斗争中，朝鲜的秋天到来了。随着斗争的全面展开，朝鲜战场后方交通线上最为惊心动魄的一幕拉开了，这就是 1951 年的冬装运输。

志愿军原计划于 10 月开始 1951 年的冬装运输工作。因为 9 月正是反“绞杀战”的高峰期，同时志后也在忙于秋季战役的运输供应。此时，彭总指示：无论如何，全军指战员的冬装要在国庆前发到部队，这是战略任务。

为什么提前到 9 月了呢？原因有两个。1950 年 11 月，第九兵团入朝作战，向朝鲜北部咸镜南道的长津湖地区进军。九兵团是华东部队，长期在华东地区作战，缺乏寒区作战的足够准备。入朝的时候，一部分战士的冬装还没发下来。一部分战士虽然发了冬装，但是一套棉衣还不到三斤，也没有皮帽。长津湖地区海拔有两千米，气温零下二十多摄氏度，加上连着几天几夜吃不饱睡不好，结果，九兵团这次战役造成严重的冻伤减员。对彭总和整个志愿军来说，这个教训太惨痛了。

另一个教训是 1951 年的夏装运输。夏装运输工作着手并不晚，但在 4 月的运输过程中，由于敌机的轰炸，志愿军的夏装损失很大。在三登，敌机一次炸毁我军各种物资八十二车皮，其中包括单衣二十五万多套、胶鞋十九万多双。直到 8 月，有的战士还没穿上夏装。战士们只好将棉衣里的棉花抽出来，作单衣穿。所以，秋季到来之后，美军谈判代表口出狂言，声称要让志愿军“永远记住朝鲜冬天的严寒”。

鉴于这两个教训，彭总要求提前完成冬装的运输工作。他向洪学智下达了死命令:“不管采取什么办法，一定要保障所有官兵在 9 月底全部穿上冬装。”

志后马上召开会议部署任务。我负责冬装的抢运方案。当时，三角地区还处于敌机的严密封锁之中，火车运输毫无把握。夏装被毁的教训，使得所有人都心有余悸，没有人敢拿冬装冒险。而此时志后的所有汽车部队全部投入了倒运和应对敌人的秋季攻势所需的作战物资运输，只能勉强保障前线部队的弹药和粮食需求，如果再加上冬装运输任务，那么志后已无力完成。

然而，面对严峻的考验，我也深深明白，冬装运输已经超过了后勤保障的范畴，具有重要的政治意义，它是与停战谈判连在一起的。这是命令，没有商量的余地。我接到任务后，很快提出了具体的运输方案。

按照以往运输的常规，冬装是运到朝鲜后再按大、中、小号分配到各部队。但此时如果仍这样做，不仅时间来不及，而且风险大。所以我建议，部队按冬装的大、中、小号分别统计所需数量，由志后汇总。冬装在从东北起运前就以师为单位，分号装车，一个师编成两个专列，直接运往指定地点。东北军区后勤部刚开始不理解，说：分号是你们的事儿，我们把军装发出去就算完成任务了。我就又跑到东北军区后勤部亲自去落实，然后又到铁路军管会，落实朝鲜境内的铁运计划。说实话，这项工作非常复杂，不容许有丝毫的差错。各军的数字报到志后以后，需要一个军一个军地核

实，然后再逐一落实运输所需要的火车皮和汽车数量。我当时不会打算盘，只能用笔一点一点地计算，经常一算就是一个通宵。后来志后的首长见我们的工作量太大，就从国内为我们找来一台手摇计算机。这台计算机到了志后，成了我的专用品。白天处理其他工作，晚上就趴在桌子上摇计算机。就这样，全军冬装的分配和运输方案，只用了几天就完成了。

完成了冬装分配和运输方案，第二步是分配运输任务。当时，铁路运输在三角地区受阻，志后的汽车运力又不够，必须发动全军进行冬装运输，才能完成任务。于是，我将冬装运输按照各军所在的位置进行任务区分。第一，前方作战部队的冬装，由铁道军管会和志后负责直接送到部队。因为前线部队在打仗，没有力量自己运输，就由我们负责。第二,二线兵团的冬装，由志后负责送到距离部队驻地五十公里左右的地方，再由他们自己组织接运。有车的用车运，汽车运力不足的，再组织人力自运。第三，坦克、装甲、炮兵等各特种兵部队，车辆比较多，自己组织汽车到安东接运。这些部队都有牵引车，一般情况下不允许用，但是遇到特殊情况，也只好破例，并且距离安东并不远，二百多公里一两天就可完成。这样，一线的我送；二线的，我保证到五十公里左右；特种兵的，不管用什么车，自己去拉。

在各部门的通力协作下，志愿军冬装运输顺利进行。从开始运输到结束，共运送冬装一千一百三十四车皮、汽车一万七千台次，只用了八天时间。而且，由于组织严密，没有发生任何大的事故。志后所确定的损失率为 8%。与以前的损失率相比，这个要求已经很高了。最后统计，实际损失率不到 1%。

9 月 25 日，志愿军的冬装全部发放完毕。当身着冬装的志愿军执勤人员出现在停战谈判的会场时，美方代表惊呆了，简直不敢相信自己的眼睛。他们怎么也无法理解，正当他们在进行强大的空军战役“绞杀战”的情况下，志愿军居然有能力让部队按时穿上冬装。因为他们自己的后方交通线虽然畅通无阻，但部队当时还没换发冬装。

这是一场紧张的战役，也是一场漂亮仗。志后得到全军的一致赞扬。

“绞杀战”是 1950 年 8 月中旬开始的。8 月下旬到 9 月上旬左右，志愿军后勤的运输量比过去减少了 30% 左右；到九十月，运输量已经跟“绞杀战”以前持平了，如果把冬装运输加在一起，实际超过“绞杀战”前的 30%。10 月以后，运输量开始逐步上升，到 1952 年四五月，运输总量比“绞杀战”前增加了 50% 以上。1952 年五六月，美国正式宣布“绞杀战”结束。

美国远东空军在对他们的“绞杀战”所作的最后分析报告中承认：“由于共产党后勤系统的灵活……绞杀战未获成功。”

美第八集团军司令弗里特在一次记者招待会上说：“虽然联军的空军和海军尽了一切力量，企图切断共产党的供应，然而共产党仍然以令人难以置信的顽强毅力，把物资运到前线，创造了惊人的奇迹。”

（本文选自《纵横》2010 年第 11 期）

浴血保卫中央苏区

口述/张裕波　整理/曾丽飞

张裕波老人在讲述苏区时期的战争故事

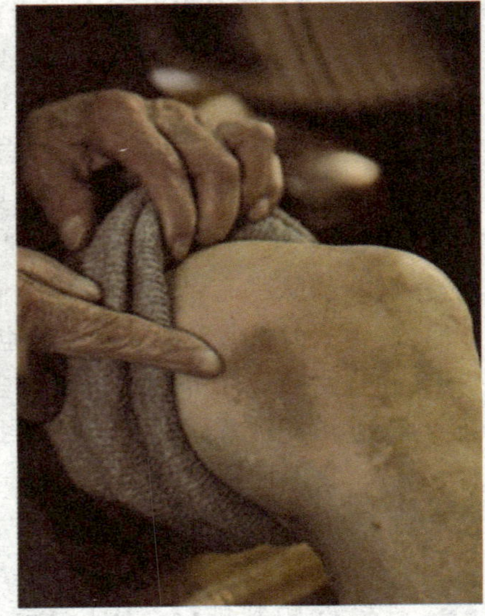

当年弹片穿过的地方，在老人腿上留下深深的疤痕

一锅鸡汤送一家男丁

1908 年 2 月，我出生在横江镇齐贤村姑溪小组一个佃农家庭。我排行老二，有一个哥哥，下面还有一个妹妹和一个弟弟。由于我从小体弱多病，家人对我格外关照。我除了给地主放牛，还上过一年多私塾。

民国时征兵，实行的是配额制。穷人家的壮丁都是被五花大绑抓走，有的则东躲西藏，夜宿山冈；富人家有钱，一般都是买卖顶替。苏区革命时，共产党实行的是志愿兵制，工农子弟在明确参军是为了推翻三座大山后，都自愿参加中国工农红军。

1931 年底，红军部队来到我们横江驻扎、整训，并建立红色政权。1932 年春，石城县苏维埃政府正式成立，举行工农兵代表大会，并大力扩红。我们横江镇青壮年男丁全体自愿参加红军。村村寨寨随处可见父送子、妻送郎、亲友相送的场面。我家叔伯、堂兄、大哥张兰波、弟弟张渭波和我，一家男丁全部入伍。出发前的晚上，母亲将家中唯一的一只老母鸡杀了，为我们饯行。母亲将一锅滚烫的鸡汤端上桌，叫我们吃，吃了好好革命，好好地回来，自己却和妹妹躲到灶下去哭。我们一口也吃不下。

三兄弟成红军袍泽

入伍后，我和大哥还有弟弟一同分在红五军团。反“围剿”作战紧张激烈。1932 年 4 月，我们三兄弟跟随红五军团指导员一起，参加东征福建漳州战役；7 月，回师江西，向粤北南雄挺进，在水口攻打国民党军阀；8 月，并肩北上，连克宜黄、乐安等县城；尔后，参加攻克泰宁、建宁、黎川战役等。第四次反“围剿”红军取得了胜利，巩固了中央苏区，开辟了闽赣苏区，打通了与赣东北苏区的联系。之后，我们三兄弟便分开了，大哥张兰波去了炮兵连。1933 年初，蒋介石又派装备好、战斗力强的主力部队向金溪、南城一带苏区进犯，集中大炮轰炸我军前哨阵地。红五军团将士勇猛击退敌人数次猖狂进攻后，弹药所剩不多，便用石块猛砸敌人，捍卫苏区。

1933 年 7 月，我第十三师在彭德怀的率领下，从广昌南部经石城入闽，挺进闽西，解放清流、沙县，迅速歼灭国民党军后挥师北去，然后从闽西北入赣，与中央军会攻抚州、南昌。次年初，军中召开“御敌于国门之外”总动员大会，我和弟弟向上级请假，一同看望炮兵连的大哥。短暂见面，三兄弟激动地相拥在一起。大哥告诉我们，他当上了班长，我们格外欣喜。可是我没想到的是，这次相拥，竟是我们最后一次见面。弟弟在南昌战役中牺牲了，大哥牺牲在了长征途中。

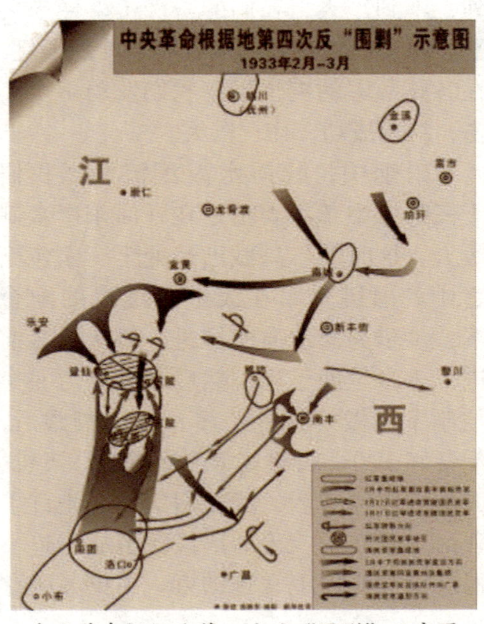

中央革命根据地第四次反“围剿”示意图

红五军团的战士们

一江硝烟留三船伤兵

1934年4月初，国民党军在飞机的掩护下，由南丰的白舍、瑶陂沿盱河向广昌进攻。面对步步紧逼的强敌，中革军委誓死武装保卫赤色广昌，不让敌人侵占苏区寸土。但是，由于敌人炮火猛烈，不到半天，我们的防御工事便被轰平，守备在工事里的战友全部壮烈牺牲。在各路敌军的夹击下，我们发动多次突击，均未成功，伤亡巨大。

硝烟中，盱河水滚滚流淌。我们十三师按中革军委指令在盱河东岸牵制敌人。这时的广昌城已经处于三面包围之中。国民党军在大炮与飞机的配合下，步步为营地向前推进，每次最多前进一千米至两千米，然后在其火力完全控制下，做好野外工事，站稳脚跟后，配备好火力，再重复第二次进攻。飞机、大炮狂轰滥炸后，战友们的鲜血染红了盱河。坚守十八天的广昌保卫战，迫不得已以放弃保卫宣告结束。中央苏区北大门被敌军打开。

为阻止国民党军南进驿前、石城，保证红军主力和中央机关顺利进行战略转移，红军决定在广昌白水（今赤水）、贯桥交界处阻击敌军，以迟滞其南进企图。敌军炮轰我们的主阵地。我们的手榴弹、子弹全部打光了，只能用石头砸，与敌人肉搏。

我被炸成了重伤，抬下火线抢救。一枚弹片从我的左膝盖旁穿过，左脚趾也被炸烂。由于红军主力开始战略转移，后方医院也跟随长征，我和其他伤员一起，分别被抬上三条船，经宁都，向于都驶去……由于大部队已从于都出发，后方医院的医护人员要抓紧追赶，因此便将三船伤兵送上岸，给每人发了3块大洋，吩咐大家先返家，以后再回来接我们。我们望着医护人员乘坐的那条船，慢慢消失在一江雾霭中。

（本文选自苏红网）

铮铮铁骨　耿耿丹心

——忆父亲刘毓标

文/刘华申　刘华明　刘东东　刘华苏　刘华建　刘晓宁

1960年全家福

父亲的一生是革命的一生、光辉的一生。因为功勋卓著，1955年被授予少将军衔，是共和国的开国将军之一，并被授予二级八一勋章、一级独立自由勋章、一级解放勋章。

父亲的一生是历尽磨难和坎坷的一生。红军时期和抗日战争时期，他骁勇善战，冲锋在前，在担任团、师指挥员期间，十余次身负重伤，留下了遍体刀疤和弹痕。

父亲的一生是具有传奇色彩的一生。他出生在江西省横峰县葛源乡店前街一个赤贫的农民家庭。在他十岁那年，一位风水先生对爷爷说："老三将来是要做大事的，要让他读书。"因此，父亲成为兄弟姐妹九人中唯一读过两年半私塾的"文化人"……他在战争年代和"文化大革命"中，曾多次摸过"阎王爷"的鼻子，九死一生，但都奇迹般地挺过来了……1937年，他任红军团政委，在作战中被敌人打中一枪，头部被敌人用刀砍伤六处，脑脊液外流，在几乎没有医治的情况下，竟然活过来了。他曾风趣地说自己是饿不死、打不死、冤不死。

父亲的一生是对革命事业忠贞不渝的一生。他自大革命的紧要关头投身革命后，就把毕生精力融入波澜壮阔的中国人民革命事业中。无论是在白区做秘密工作，还是在与党中央失去联系独立坚持艰苦卓绝的三年游击战争；无论是在敌人监狱中遭受酷刑拷打，还是在长期蒙冤受屈的情况下，他都威武不屈，百折不挠，对自己选择的革命道路无怨无悔，对党的事业忠心耿耿，矢志不移。这是他一生最突出的特点和最宝贵的优秀品质。

父亲于 1927 年 4 月参加革命，同年底参加了由方志敏同志领导的“弋（阳）横（峰）暴动”。1928 年加入共青团，1929 年任葛源乡苏维埃主席、团支部书记，1930 年转入中国共产党，1931 年任中共葛源区委书记，1933 年任化婺德县委组织部部长。参加了创建和发展赣东北苏区的斗争。

1934 年 4 月，赣东北省委为了打破敌人对苏区的封锁，逐步扩大苏维埃区域，于是派父亲去皖南工作。临行前，方志敏同志找父亲谈话。方志敏说：“皖南有个秘密特委，工作有一定基础，但局面还没有打开。你去了后，要把工作重点放到农村去，到劳苦大众中去。”

父亲在地下交通员的引导下到了屯溪（今黄山市），被皖南特委分配到歙县任县委书记。他到歙县后在一个小集镇的轿行中充当轿夫作掩护，开展秘密工作。

1934 年 6 月，皖南特委将父亲调任太平中心县委书记。父亲在人地两生的情况下，不畏困难，紧紧依靠当地的地下党组织，深入贫苦农民中去，迅速打开了工作局面。

发动柯村暴动建立红色政权

那一年，皖南地区发生了特大旱灾，赤地千里，颗粒难收。地主豪绅勾结官府加紧向农民掠夺和盘剥，广大农民的反抗呼声十分强烈。父亲看到条件成熟，于 7 月中、下旬两次召集中心县委开会研究，决定秋收后举行暴动，建立苏维埃政权。经闽浙赣（原赣东北）省委批准，8 月 21 日深夜，暴动全面展开。方圆百余里的范围内掀起了暴动高潮。参加暴动的农民达数千人，其中共产党员百余人，各地镇压土豪劣绅三百而是人，缴获地主武装枪支三百余支。这次暴动

1938 年 2 月，皖浙赣边区红军改编为新四军时，领导人在江西省浮梁县瑶里合影。前排左二起：江天辉、李步新、刘毓标、王丰庆

1950年，二十九军首长和英模在福建厦门合影

后来被称为“柯村暴动”，载入党史。

10月，“皖南苏维埃政府”宣告成立，县、区、乡也都成立了苏维埃。为了保卫苏维埃政权，各级都建立了武装。在各级苏维埃政权领导下，人民群众打土豪分田地，第一次享受到了当家作主的权利。

红军北上抗日先遣队在谭家桥战斗中失利后，方志敏、刘畴西（红十军团军团长）、乐少华（军团政委）、粟裕（军团参谋长）等率部近万人，在向闽浙赣苏区转移途中，于12月18日，到达柯村苏区休整了三天。方志敏在与父亲等领导同志谈话时，指示要把苏区逐步转变为游击区，红十军团侦察营留下与皖南的地方武装合编成皖南独立团，原侦察营营长任团长，父亲任政委。红军大部队离开后，国民党军调集了第七十八师、第八十八师和数个保安团，加紧了对苏区的“围剿”。由于敌我力量悬殊，柯村于1935年3月陷落。

“皖南苏维埃政府”虽然仅仅存在半年，但它是中国共产党领导的农村暴动在皖南地区诞生的第一个苏维埃政权。父亲作为柯村暴动的主要领导人和皖南苏维埃政府的创始人之一，也在自己的革命斗争史上写下了光辉的一页。

红军主力长征后，留在南方八省的红军游击队，在与党中央失去联系，遭到优势敌人反复“清剿”，革命队伍内部不断出现叛徒等十分险恶的情况下，坚持了长达三年艰苦卓绝的游击战争。父亲作为皖浙赣省委组织部部长兼皖浙赣独立团政委，对这一游击根据地的创建与发展，作出了特殊的贡献。

开辟鄣公山游击根据地

1935年4月下旬，父亲率部途经江西省婺源县鄣公山区时，发现那里是皖、浙、赣三省交界处，地形很好，群众基础也不错，而且敌人的力量比较薄弱。父亲遂与团长商定，部队就地展开宣传群众、组织群众，发展党团组织等工作。经过一个多月的努力，开辟了以鄣公山为中心的游击新区。

鄣公山游击新区开辟后，成为闽浙赣省委的活动中心区域。父亲向关英汇报了皖南局势恶化的情况和开辟鄣公山新区的工作。关英对独立团创建的鄣公山游击新区甚为满意，遂决定改变去皖南的计划，将闽浙赣省委设在鄣公山，以便联络赣东北、皖南、浙西各地党组织和红军游击队，统一领导三省边区的游击战争。

1936年4月，中共闽浙赣省委扩大会议在鄣公山举行。会议选举关英、刘毓标、滕国荣等九人为省委委员，关英为书记，刘毓标为组织部部长，滕国荣为宣传部部长。

父亲作为鄣公山根据地的开创者，以及省委书记关英的主要助手之一，对这一时期皖浙赣边区游击根据地的形成和发展作出了独特的贡献。

父亲率领独立团打了许多漂亮仗。先后攻克浙江开化县城、昌化县城，这在南方三年游击战争中是不多见的。它有力地震慑了敌人，打击了国民党的统治，使国民党浙江省政府震惊不已，国民党报纸连续报道，惊呼红军游击队人多势众。同时，极大地鼓舞了皖浙赣边区军民的斗志，扩大了党的组织，壮大了红军游击队的力量，促进了以鄣公山为中心的皖浙赣游击区的迅速发展。到1936年底，游击区扩大到四十三个县，县委（中心县委）直属区委（特支）有三十多个，红军游击队发展到三十余支，共三千余人。

1980年的刘毓标夫妇

冒死上山带队参加新四军

1937年3月，父亲在作战中重伤昏迷而不幸被俘，在国民党的监狱中被关押了五个月。这是他备受摧残，顽强斗争的五个月。其间，他经历了敌人多次审讯、叛徒对质和种种引诱。由于他的皖浙赣省委组织部部长和独立团政委的身份，敌人企图从他口中挖出党组织和红军的情况，采用皮鞭棍棒毒打、木杠压腿等严刑逼供，一次竟压碎了他双腿的胫骨，并以“枪毙”“活埋”相威胁。面对生死考验，父亲坚贞不屈，严守了党和红军的秘密，使敌人一无所获。在监狱里，他还利用各种机会，宣传共产党员对革命事业要无限忠诚，痛斥叛徒的卑劣行径，影响和鼓励其他难友，表现了共产党人的铮铮铁骨和崇高气节。

七七事变爆发后，经粟裕和刘英派出的与国民党谈判的代表、红军挺进师参谋长陈铁君与敌人交涉，父亲于7月中旬被营救出狱。

父亲出狱后，陈铁君向父亲详细介绍了中央的精神和与国民党谈判的情况，并告诉他，项英、陈毅同志已在南昌月宫饭店开设了新四军驻南昌办事处。7月下旬，父亲带着党中央关于国共合作的宣言、中央南方局致南方各省党组织和红军游击队的公开信，只身返回鄣公山，冒着被自己人误会而错杀的危险，执着地寻找党组织。经过一个多月的辗转跋涉，于9月初找到了皖赣特委书记王丰庆、副书记李步新、组织部部长江天辉。父亲向他们汇报了被俘、入狱、出狱的情况，介绍了浙南红军与国民党谈判的情况，送交了带来的文件，并建议特委立即派人到南昌月宫饭店去找项英、陈毅同志。

在此之前，皖赣特委也得知了七七

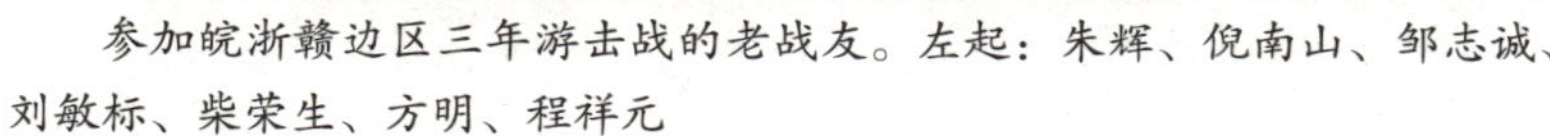

参加皖浙赣边区三年游击战的老战友。左起：朱辉、倪南山、邹志诚、刘敏标、柴荣生、方明、程祥元

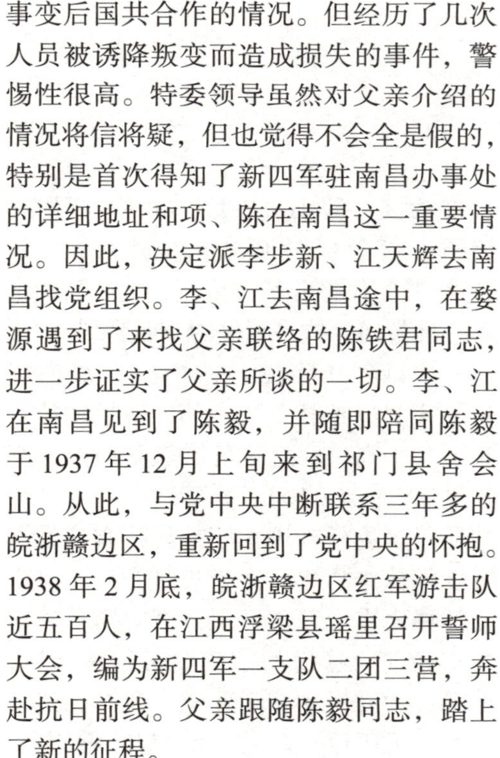

事变后国共合作的情况。但经历了几次人员被诱降叛变而造成损失的事件，警惕性很高。特委领导虽然对父亲介绍的情况将信将疑，但也觉得不会全是假的，特别是首次得知了新四军驻南昌办事处的详细地址和项、陈在南昌这一重要情况。因此，决定派李步新、江天辉去南昌找党组织。李、江去南昌途中，在婺源遇到了来找父亲联络的陈铁君同志，进一步证实了父亲所谈的一切。李、江在南昌见到了陈毅，并随即陪同陈毅于 1937 年 12 月上旬来到祁门县舍会山。从此，与党中央中断联系三年多的皖浙赣边区，重新回到了党中央的怀抱。1938 年 2 月底，皖浙赣边区红军游击队近五百人，在江西浮梁县瑶里召开誓师大会，编为新四军一支队二团三营，奔赴抗日前线。父亲跟随陈毅同志，踏上了新的征程。

父亲随陈毅同志下山后，任新四军一支队政治部总务科长。他工作积极，放下当团政委带警卫员的架子，行军中亲自挑公文箱，宿营时经常下伙房帮厨。后来因迟迟没有恢复组织生活而产生了急躁情绪，曾写报告给陈毅同志，要求“给一个手榴弹，到前线与敌人拼掉算了”。陈毅同志亲自找父亲谈话，要他沉住气，相信组织，接受考察。在陈毅同志的亲自关怀下，经过近一年的审查，一支队党委讨论决定并报经新四军军分会批准，于 1938 年 12 月恢复了父亲的党籍。从此，父亲放下包袱，积极投身到抗日战争中去。

抗日战争时期，父亲参加了开辟茅山抗日根据地和苏北、苏中、苏南、淮南等地的反“扫荡”、反“清乡”、反顽固派的斗争，在与日军作战中再次身负重伤。他在较长时期担任干部学校、抗大分校的领导工作中，积极贯彻党和毛主席制定的教育方针，为党和军队培养输送了大批优秀军政干部。解放战争时期，他作为华东野战军的师、军级指挥员，率部激战苏中、决战淮海、横渡长江、鏖战淞沪、进军福建，屡建战功。中华人民共和国成立初期，他受命出任华东军区装甲兵政治委员，作为新技术兵种的组建者和领导者，为装甲兵部队的建立和发展，作出了开创性的贡献。他二十多年的戎马生涯，在共和国的旗帜上留下了自己血染的风采。

身入虎穴　巧绘地图

文/卢　辉

泗县位于皖东北平原，古称泗州城。史籍记载，该城始于夏商，繁于唐宋，朱元璋“高筑墙、缓称王”时，在泗州修建全国第一流城墙。康熙十九年（1680年）曾被洪水吞没于洪泽湖内。乾隆四十二年（1777年）将虹县改为泗州。民国元年（1912年）废州改称泗县。1938年10月，沦于日军的铁蹄之下，敌军经常出城“扫荡”，实行“三光”政策，对我新四军第四师及淮北抗日根据地，尤其泗北军民危害极大。为了打击敌人，我曾奉命深入虎穴，绘制泗城敌伪设防地图。这是一段难忘的经历，至今记忆犹新。

突然的任务

1944年秋末，世界反法西斯战争已取得决定性的进展，中国抗日战争也进入战略反攻的前夜。解放区军民正在积极响应和落实党中央和毛主席关于“扩大解放区，缩小敌占区”的伟大号召。我淮北解放区的泗（县）灵（璧）睢（宁）县军民掀起努力生产和大练兵的高潮，准备迎接抗日战争的全面胜利。

1944年9月15日，根据上级的指示，我泗灵睢县总队一部，一举解放了素有“小南京”之称的睢宁县西南大李集重镇。9月24日，四师政委邓子恢和淮北行署主任刘瑞龙等首长给泗灵睢县县委的信中指出：大李集打开，泗灵睢县的局面有了新的开展。李集镇单独成立市政府，这里的市政要很好地布置，要在广大人民中显示我党、我军的建设能力，巩固已得阵地，冬初开展扩军运动和新区城市的日伪工作。

这时，我正从四师师部学习测绘业务回总队工作不久，立即承担了李集镇市区规划及敌军工事构筑地图的绘制任务。一天上午，我突然接到通信员送来

的一封急信，打开一看，信中写道：

卢辉同志：

接信后，请速回，另有新的任务。详情由305与首长面示，勿误。

值参任化芝

即日

于是，我急忙赶回总队参谋处向任参谋询问又有啥急事。这时恰好12时了。任说：“你快吃饭吧，具体任务，何参谋长向你交代。”

何东家参谋长是一位老红军，已是而立之年，身体不佳。他的品质高尚，对人和蔼可亲，很受人尊敬。他对我说，国际反法西斯战争的形势空前大好。在欧洲战场苏联红军除解放本国领土外，还有一部分苏军直逼波兰首都华沙。日本在太平洋战场上也遭到重大失败，为了扭转战局，企图打通大陆交通线，但在豫北战役也受到挫折。

他又说：“根据彭雪枫师长、张震参谋长8月17日率四师主力赴津浦路西经过灵北冯庙时，召见我县主要领导干部做的指示精神，县委召开了联席会议，决定以军事打击和政治瓦解相结合，向泗县伪县长张宝鉴开展统战攻势。由县委敌工科地下情报组织利用关系去泗城送材料，你同他一块儿进入泗县城。你的任务是，以你学习的测绘技术去侦察和绘制日伪军的城防工事构筑和兵力部署地图。重点把郊外西关和北关附近伪军据点和地形搞详细一点，一待条件成熟时，我县武装部队伺机攻取之。”

何参谋长喝口水，服下“雷米封”药片，然后亲切问道：“你看有什么困难吗，小卢？”我思索了片刻，回答说：“不管泗城是‘龙潭’还是‘虎穴’，一定想法子完成党交给的任务。”他笑笑表示满意。并关心地说：“你虽有去过冯庙、大李集伪军据点侦察的经验，但泗县有日军防守，尤其目前又处于孤城状态，警戒极为严密，要特别细心。具体任务，由县领导同志向你详细交代。”

接着，我就拿着何参谋长写的便条，来到本村东头——抗日民主政权县政府驻地。苌宗商县长是本地人，已近天命之年。他由民主主义者走向革命道路（兼任县总队长），在当地威望较高。我在地方工作时就认识苌老。我将何参谋长的信呈他看了，他说：“很好！小卢，我有事，详细情况由许科长同你交谈。”随后他在信上签了字。

许辉科长（系苌的女婿）是抗战前的地下党员，对敌军统战工作很有经验。他叫来了情报员许开金，让我们互相认识后，随即向我们谈了国内外的形势和泗灵睢周边的三座县城敌伪军概况，并具体交代这次任务：开金同志利用地下情报站的关系将淮北苏皖边区行政公署颁布的《惩治汉奸暂行条例》和苌县长给伪县长张宝鉴的信送刘树西（苌的亲戚）转给张宝鉴。卢辉同志的任务，按何参谋长交代去做。许可利用情报关系，把城内日伪的兵力、武器情况尽量搞详细一点。两人一起研究，拿出具体实施方案。要多准备几手，做到万无一失。

精心准备

许开金同志长我几岁，是老地下工作者。几次策反工作都获得成功，特别是在解放水牛刘时，使伪区长提前离开该据点免于被俘，成为刘的“恩人”了。当晚，我们认真细致地拟制了工作计划。为使我心中有数，许把给伪县长的信给我看了一下。内容大意是：鉴于国内外局势发生了根本性的变化，日军失败已成定局。希望你不要再为日本人卖命。若能早日回头，尚可得到人民政府的宽恕，如仍执迷不悟，将严惩不贷。并希望保障我区的人员来往安全。附上：淮北苏皖边区人民政府的《惩治汉奸暂行条例》，望你三思而行。落款是淮北苏皖边区泗灵睢县人民政府县长苌宗商的签字，时间是1944年9月29日。

听了开金同志对与刘树西的关系介绍和看了信的内容后，我们都胸有成竹了。任务虽很艰巨，但我俩互相鼓励，增强了完成任务的信心。经过精心研究和认真筹备，第二天早晨我们就向泗城进发了。10月初的淮北平原，秋高气爽，阳光和煦。在一马平川的原野里，乡亲们正在播种小麦，一派忙碌景象。

新四軍粟裕師長談
蘇中蘇南反「清鄉」勝利
淮北彭師一部攻入泗縣城
太行駐軍七
開秋荒
各縣紛

1943年11月21日《解放日报》关于淮北彭雪枫师一部攻入泗县城的报道

走了四五十里路，当日中午我们到达距泗城二十里的屏山乡政府驻地。午后，天气晴朗，我们登上屏山顶端，遥望泗城北关城门、伪县政府后院大楼及八里桥等地形、地貌，均清晰可见，我们慎重选择进城的最佳路线。为了稳妥可靠，当日下午我们又派地下交通员老潘，赴城内和当时担任伪上尉中队长的情报员仇非联络，约他明日8时许在泗城西关“财源糟坊”接头，并规定了接头的“暗号”“暗语”。当晚我们又研究了入城后分工合作及应付可能出现的险情和需要采取的对策等预案。

拂晓前许开金把我叫醒。我们简单洗漱后，马上进行了化装。他着丝绸长袍，外穿一件黑花马甲背心，脚穿闪光的黄色皮鞋，头戴一顶礼帽，鼻子上架着墨镜，颇有富商的气派。我穿的是阴丹士林蓝色洋布大褂，足穿白鞋，头戴黑色红顶瓜皮帽，胸前插一支关勒铭金笔，像一个中学生模样。

身入虎穴

天刚蒙蒙亮，我们就出发了。到达八里桥时已是旭日东升。这里是南北交通要道。我看了港河两侧地形，作了简要测绘。我们绕行，经过三里湾，于7时许到了西关大街。这里虽然还是清晨，可是已经十分热闹。小商小贩，人来人往，熙熙攘攘，叫卖声不绝于耳。我头次进入这样的大城市真是有些眼花缭乱。

再往南行不远，便是伪军镇公所一个据点。这是个独立大院，院墙高一丈有余，门口有炮楼和卫兵把守。因靠近街道太窄，周围无什么防御设备，容易接近和袭击。快8时了，我俩急忙吃点早点，按时来到约定接头地点——“财源糟坊”。

这里距西关城门楼约五百米。经过目测：城墙高达六七米，护城河宽十米左右，水深两三米，外有鹿砦铁丝网等设施。

我们刚到时，只见门前有位二十来岁的青年人，戴着一副茶色眼镜，在徘徊往来。许开金用四指贴在左腮打出暗号。这时，那个青年人用右手四指捂在右胸前，并微笑，马上互相认出是自己人。那青年主动介绍他姓刘，是仇队长的勤务兵，奉命前来接应。许向小刘交代一下任务，并将小手提箱交他提着。

小刘叫我们在前面大大方方走并说他有特别通行证。此时，我就进入“一级战备”状态集中精力，观察沿途周围一切动静。当走到西城外桥头堡时，遇到伪军第一道岗哨。这里对来往行人作一般的检查。由于都是中国人，语言相通，对进出人员盘查不是很严。第二道岗是日军，个个手持“三八式”大盖枪，脚穿着长筒皮靴，凶相毕露怒视过往行人，老百姓经过时都有些心惊胆寒。为了顺利“过关”，走到他们面前的都要行个“鞠躬礼”，手持着良民证，日本兵摆摆手：“开路”“开路”的。我们也随来往行人，大摇大摆地前进着。第二道日军哨兵看看我的模样格外留神，冲上便问：“什么的干活？”我们很沉着地把证件交给他看，说是做生意的。小刘急忙上前，拿着他的证件，用日语叽里呱啦

新四军反攻战役

地同他对话，大意是说“他们是蚌埠来的商人，是仇队长的亲戚。”日军哨兵仔细打量我们一番，终于放行了。

“视察”地形

城门甬道有五十米到六十米长，阴暗潮湿。进入城门不远，路北边是日军高桥联队司令部所在地（驻有一个小队日军）单独大院，四周加高院墙，上边还拉上铁丝网，门口有双岗把守，枪条上插着日本的“太阳旗”。我们只能在门前瞄了一眼，无法进入。再往东行几百米，便是伪保安大队和伪县政府驻地。衙门两旁写着“大东亚共荣”和“中日友善”大标语，使人看了十分厌恶。

淮北行署主任刘瑞龙

我们来到伪县政府大院，小刘主动和门口伪军岗哨打招呼，便没有受到严格的盘问。我们进院内感觉这个院子很大，二进院是办公室，三进院是“大堂”。小刘把我们引进东侧房会客室，许开金等候刘树西派人接待。此时，我同开金同志商议，为了抓紧时间由他一个人在这里交谈，我去执行既定任务。小刘带我先在院内转了一圈，我用“记忆测绘”记住了方位。然后出了县衙门南行，不远就到一个大操场。再向南走，便到南关城门，出城门南几百米是尤庙，伪军在这里驻扎了一个中队。据小刘的介绍，一个月前曾被我便衣队袭击，抓走几十名伪军，原来的队长孙永忠因此便被撤职查办。

随后，我又急忙到东关看了一下。城外东北角有个火神庙，驻有伪军一个中队。这里有个小圩子与护城河水相连接，四周有地堡和铁丝网等防御工事，地形易守难攻。

这样转了大半个泗县城，快12点时，我们回到仇非家里会合。许开金已先到一步，正同仇非交谈着。在吃饭时，我们向仇非宣传形势和政策，表扬他工作很出色，要他利用日、伪本地与外来军官之间的矛盾，开展工作。饭后，仇提供了泗城日伪军人员、装备等实力的情况。午后2时，我和许开金更换便服离开仇家，由北关城门经内环转到西关出了城门，按原路回西关约五百米伪军据点附近。我又详细核对了一遍伪军据点地形，便离开了。

4时许，太阳已快落山了，这次侦察任务已按计划完成。当晚，我俩安全返回屏山。晚饭后，我们不顾一天的劳累碰碰情况，趁热打铁地各自整理汇报材料。到凌晨1时，我绘制成三张城防、西门外和八里桥等处地形、工事草图。

第二天上午，我俩怀着胜利后的愉快心情返回原总队部驻地武圩子，向何参谋长汇报，并介绍了所绘的三张地图概况，受到三零五首长的赞扬。

拂晓埋伏

1944年11月初，根据泗城情报站提供的情况及观察获悉：日军为了泗城安全和扩大他们的生存空间，命令伪军大队长朱洪等率伪军在城北八里桥附近建立据点，强抓大批民工修建房舍和地堡。敌人有规律地早来晚归。

为了制止敌人的扩张企图，我泗灵睢独立团由副团长周子平率一营和团骑兵队一个排共四百多人进行埋伏。这时，我绘制的八里桥周围的地形图，发挥了作用。这是独立团成立后的第一仗。经过周密的组织和政治动员，于17日拂晓前，开赴八里桥港河河套内有利地形内隐蔽起来。天蒙蒙亮时，泗城伪军一百五十余人，携带迫击炮一门、轻重机枪四挺，与平常一样，大摇大摆地向八里桥开来。敌人刚进入伏击圈，战士们就开了火，铁骑跟着出击，打得敌人掉头就往城里逃窜。仅半个小时即结束了战斗。我军缴获迫击炮一门，机枪一挺，俘敌分队长以下十余人，击毙十余人。泗城日军闻讯后，只是向城外打了几炮，未敢出来增援。我军无一伤亡，将敌人构筑的碉堡等捣毁后，安全撤出了战斗。这一胜利的消息传出后，当地群众兴奋异常，奔走相告。当我军回到屏山、大庄时，老百姓自动地敲锣打鼓欢迎我军凯旋。

12月11日晚，根据我提供的地图，我军趁风雪交加的黑夜，袭击了泗城西关伪军据点。当我英勇战士用云梯越过一丈多高的院墙时，敌人还在赌博，有的在懒洋洋地烤火取暖，我军乘其不备，一番猛烈的机枪和手榴弹攻势，打得敌人晕头转向，十分钟就结束了战斗。俘敌分队长以下十余人，毙伤多人。我军无一伤亡，安全撤出战斗。近在咫尺的泗城西关日军，只是用机枪乱扫一通，未敢越城门一步。

以上两次战斗虽规模不大，但对地方部队来说，初战告捷，大大鼓舞了泗灵睢军民的信心，使泗城伪军日夜不得安宁。

1945年8月15日，日本无条件投降时，我泗灵睢部队根据上级的指示，向泗城伪县长张宝鉴发出最后通牒，他仍然置若罔闻，听从蒋介石的命令，于8月19日，率一千余人逃往灵璧城，向国民党接收大员许明候投降。9月15日，我军解放灵璧城，将逃敌全部俘获。不久，由我淮北第七专署，在泗城召开的万人“除奸反霸”公审大会处决了张宝鉴，军民皆大欢喜。

五十五年过去了，昔日战争岁月的生活情景，常浮现在我脑海之中。当我撰写这段经历时，在《解放军报》上突然看到老首长何东家在济南逝世的消息，不禁思绪万千，他当年亲自向我交代去泗城执行侦察时的情景，历历在目。我非常怀念老首长和战友们！更想到我们的胜利来之不易！我们这些幸存已逾古稀之年的老战士，对祖国的建设迅猛发展，综合国力日益加强，国际地位日益提高，感到无比的自豪和骄傲。我们要继承和发扬党的光荣传统和爱国主义精神，把建设有中国特色社会主义的伟大事业推向21世纪。希望祖国早日强大起来，争取对人类有更大的贡献。

（选自《铁流》第四集）

芦苇荡里电波声

文 / 翁履康

翁履康

翁履康，上海人。1924 年 12 月出生。1939 年 12 月参加新四军。1940 年 4 月入党。曾任报务员、电台队长、通信科长、副团长、副部长。离休前任北京军区通信兵部部长。

长江三角洲宁沪铁路南侧的太湖和滆湖之间及附近地区（抗战时简称太滆地区），是新四军陈毅、粟裕、谭震林等首长继创立茅山抗日根据地以后，又开辟的敌后抗日游击根据地；是党中央“向南巩固、向东作战、向北发展”战略部署中的一颗要子。它威胁着日伪心脏地带，牵制了日军大量兵力，阻挠敌人掠夺“鱼米之乡”。日伪军因而把抗日军民视为眼中钉、肉中刺。国民党则派遣“忠义救国军”投敌，给新四军制造麻烦。

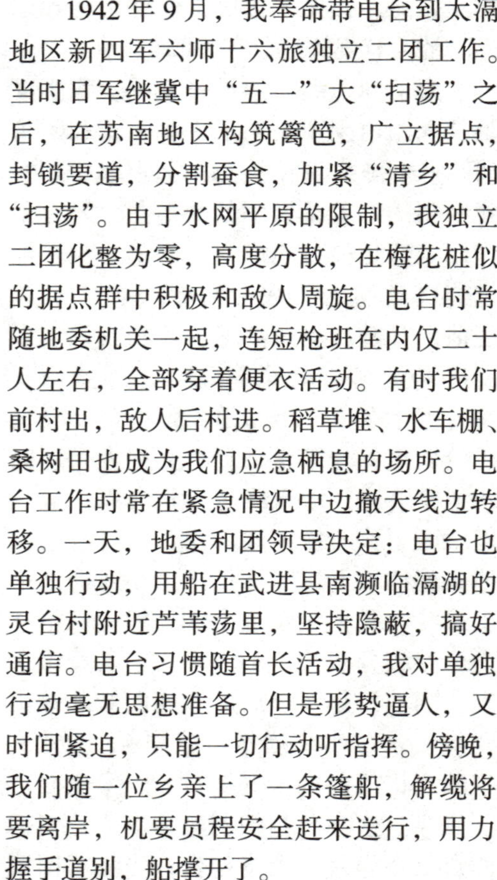

1942 年 9 月，我奉命带电台到太滆地区新四军六师十六旅独立二团工作。当时日军继冀中“五一”大“扫荡”之后，在苏南地区构筑篱笆，广立据点，封锁要道，分割蚕食，加紧“清乡”和“扫荡”。由于水网平原的限制，我独立二团化整为零，高度分散，在梅花桩似的据点群中积极和敌人周旋。电台时常随地委机关一起，连短枪班在内仅二十人左右，全部穿着便衣活动。有时我们前村出，敌人后村进。稻草堆、水车棚、桑树田也成为我们应急栖息的场所。电台工作时常在紧急情况中边撤天线边转移。一天，地委和团领导决定：电台也单独行动，用船在武进县南濒临滆湖的灵台村附近芦苇荡里，坚持隐蔽，搞好通信。电台习惯随首长活动，我对单独行动毫无思想准备。但是形势逼人，又时间紧迫，只能一切行动听指挥。傍晚，我们随一位乡亲上了一条篷船，解缆将要离岸，机要员程安全赶来送行，用力握手道别，船撑开了。

这位乡亲自称阿昆，说村上给他的任务是接送我们到芦苇荡里并保持对电台的联系。夜深人静，不知行了多久，船停靠在他家后门的河边，下船后又摇来一只小船行在前面，要我们跟进。开头，河面还宽，以后越行越窄，七弯八拐进到死胡同一般的河沟里，船停了。阿昆要我们在这个河汊里的各条沟湾里隐藏。临回时他反复强调：“不要发光，不要冒烟，不要被外人发现。”

我们在芦苇荡里，看不见人烟村落，听不到鸡叫狗吠，空气潮湿，蚊子嗡嗡。用芦蕉篷覆盖的船舱不足五平方米，前端安置收发报机和电源箱，人蜷伏着工作。后部是我和两位运输员睡觉的空间，挤在一起谁也伸不直腿。船上生活不习惯，通信也不顺畅，许多新问题摆在我们眼前。夜间的天空像往常一样，繁星在银河里闪烁；环船四周密密丛丛的芦苇，却令人感到陌生和冷僻。身为电台队长的我，此时真想部队的“家”，更想起在旅部临行前江渭清政委对我的个别谈话，他说得严肃、恳切而感人难忘：“苏南正处在黎明前的黑暗，熬过黑夜，曙光就会到来。”我把江政委的讲话和面临的任务及困难向两位运输员交谈，三人你一言我一语，议论热烈，下决心完成任务。

在芦苇荡里隐藏，要求不冒烟、不发光，煮饭成了一大难题。开始，利用晨雾笼罩的时候赶紧用船上一口小锅煮饭，不生不熟的饭，不好吃，也不够吃。运输员张林才是参加闽北游击战争的老红军战士。后来，他摸索出办法：捡好芦滩上的干枝枯叶，备好洗净的米，又找来一根竹棍做成吹火筒，煮时火旺烟少饭易熟，花同样的时间做出两锅饭，全天分着吃。他给别人盛饭是满满的，给自己盛饭却是浅浅的。还说过去在福建山区打游击的时候比这艰苦多了，连盐也吃不上。张林才见谁的衣服破了，就拿出针线包给补好。半夜里，常为人盖被子。他的模范行动深深激励着我们。

对外联络和采购由生长在苏南、任过连队班长的严长生负责。他精打细算，把有限的伙食费通过阿昆买回粮、盐、干菜，从不侵犯群众利益，还挤出一点钱买回旱烟解决张林才的“特需”。晚上我在舱里抄新闻，他总是把草蔗和被子遮盖好舱口，不让透光，不让蚊蛾捣乱。自己在船头警戒以防万一。

有几天阴雨绵绵，寒风瑟瑟，三人先后得病，高烧不退，我们都熬着病坚持工作。据当地群众的介绍，芦根可以解热，我们就挖鲜芦根熬水喝，病渐渐好了。在船上这个小天地里，孤独寂寞也让人难受。空闲时，三人一起下土造象棋，掰手腕子，练习撑篙、拉篙、搭橹、摇橹等船上作业，用这些活动来驱散沉闷。张林才喜欢哼哼红军时代的民歌，他用浓重的福建口音唱：“当兵就要当红军，处处工农来欢迎，官长士兵都一样，没有人来压迫人……”严长生爱说笑，有一次我们都饥肠辘辘，他搞精神会餐，说红烧肉、老母鸡怎么做怎么好吃，引得大家更饿。张林才急了：“同志哥，大家吃得太饱了，你不再上菜好不好！”说得大家都乐了。

我们努力适应船上生活的同时，更着重搞好通信。早先通信不顺的原因，经过反复试验，发现是湖滩地势低洼、天线过低、方向不佳、馈线漏电，导致信号减弱而造成的。我们随即用长竹篙把天线架高，选择便于调整天线方向的沟湾，抓紧日出时刻发报最佳时机等办法，改善了和旅部电台的联络，没有发生耽误电报的现象。

我们电台和机要员之间的来往电报，均由经过挑选的交通员传递。他们化装成当地的村民，将电报藏在衣服夹层里，或藏在粪筐、雨伞等物件里。白天赶路，避开风险地点，把电报安全地送交给对方。

在船上，我常利用晚上时间，抄收

延安新华社新闻的电讯，并译成汉字送交地委供报社印发，使党中央的声音和国内外大事传遍水乡。我还常把苏联红军在斯大林格勒大胜德军和我们解放区反“扫荡”的捷报告诉张、严两位战友，使他们看到自己工作的意义，感到格外高兴和自豪。12月上旬的一天，我正在与旅部通报情况，严长生大声对我说“有情况！”我心头一惊，加快发完电报后，果真听到湖面敌艇的马达声和几个方向传来的三八式枪声。敌人又一次进行“扫荡”了。我们当即收拾好机器待机，急切希望了解敌情。但左等右盼不见阿昆的影踪。显然，联系被切断了。当晚，船悄悄地转移到另一条沟湾里，那沟曲曲弯弯，芦苇稠密，隐藏条件更好。

次日，湖里敌艇来来回回地巡弋，不远处又打枪又冒烟，直到下午才渐渐静寂下来。我们商议决定，把机器从船上搬到芦苇丛中深藏，由严长生撑着腾出的船去侦察。他小心前进，将到河汊口时发现敌艇就在附近封港扣船，不得不折回。当三人又聚合的时候，突然从湖面上传来机枪声，曳光弹的轨迹正冲着我们的方位，继而探照灯又划破夜空。我们顿时惊疑，但冷静一想，要沉着应付，因为敌人夜间不敢下艇蹿进河沟如网的芦苇荡来。接着隐约看到艇上亮起了灯，整宿听到艇上狂欢乱叫，不知日军搞什么名堂。我从抄收时事新闻积累的常识中，想起了“珍珠港事件”，明白了日本兵在艇上又唱又闹，是在庆贺发动太平洋战争一周年的“赫赫战果”呢。他们哪里知道就在不远的芦苇荡里正隐藏着新四军电台！

日军“扫荡”的第三天，零落的枪声和穿梭的敌艇马达声依旧，直到下午才稀少下来。我们正打算再次用船沟通村上联系之际，天下起雨来，开始是一丝丝的，后来雨滴越来越大。这可不好，低洼的湖滩涨水很快，机箱极易进水。当机立断，将机箱撤回船上，我们刚进篷船，就下起阵雨，幸好转移得及时。由于几天来饥寒和疲劳，三个人都头晕眼黑，嘴唇起泡，嗓子火干。张林才忽然想起什么。原来他早有心计，把平时每锅饭的一点儿锅巴，攒在口袋，藏在船角落里，现在正好拿出来救了个急……

雨渐渐停了，天是阴沉沉的。漆黑的晚上，伸手不见五指，周围死一般静寂。不知是谁轻轻说：“有声音！”大家屏息静听，远处真有划水声，时隐时现，漂移不定。后又由远而近，显然这是来人了。严长生微微吹一下口哨，那边触电似的回应。一应一答靠拢时，正是阿昆同交通员小杨在四处寻找我们。小杨说这次日军水陆“扫荡”，首长以为电台出事了，要他彻底寻找，找到后要连夜归队。我们振作起精神，在地方党组织的协助下，水陆兼程，终于在拂晓时返回团部。陈立平政委和杨洪才团长赶来看望，紧紧握着我们每个人的手，表扬电台在芦苇荡里圆满完成了艰巨而光荣的任务。

（选自《铁流》第一集）

黑岭伏击战

——吹响琼西抗日号角

文/陈　耿

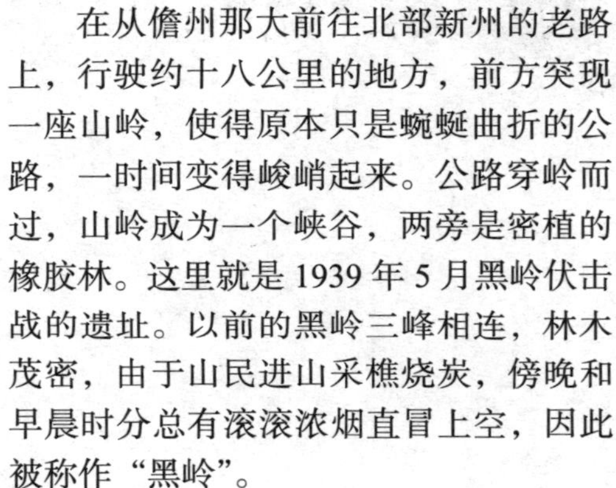

在从儋州那大前往北部新州的老路上，行驶约十八公里的地方，前方突现一座山岭，使得原本只是蜿蜒曲折的公路，一时间变得峻峭起来。公路穿岭而过，山岭成为一个峡谷，两旁是密植的橡胶林。这里就是1939年5月黑岭伏击战的遗址。以前的黑岭三峰相连，林木茂密，由于山民进山采樵烧炭，傍晚和早晨时分总有滚滚浓烟直冒上空，因此被称作“黑岭”。

尽管今天的黑岭已经不是七十二年前的模样，地形和植被都发生了较大的变化，但站在胶林之中，山风吹来，仍然让人感到一丝丝的阴凉，而当年在高山密林的遮盖之下，这里更是异常的阴森和险要。

日军占领儋州

1939年4月16日，日军登陆白马井；5月4日，占领那大；5月5日，占领光村墟；中旬，又侵占新州。由于日军在白马井登陆后，国民党儋县政府和壮丁大队撤离当时的县城新州，到了东部山区南丰一带，因此新州成了空城。此时，中共琼崖特委决定撤销中共儋县县委，成立中共西南临委，因为工作正处在交接之际，尚未来得及组织有效的抵抗，所以日军顺利侵占儋县，没有遇到太多的抵抗。

新成立的西南临委从光村乡白沙塘村撤出，琼崖抗日独立总队第三大队的第九中队和光村乡、振德乡抗日协会领导的游击中队，也随即转移到古县城中和镇（1931年设镇，1941年改称乡）的七里村。

疯狂掠夺资源

日军刚登上海南岛不久就急于占领儋县。儋县历来都是海南岛西部的战略要地，控制了儋耳大地，就等于掐住了海南岛西部的“咽喉”。其实早在日军侵琼之前，以商人胜间田善作为代表的日本间谍，就已经将海南岛的各类资源摸得很清楚了。胜间田善作利用他在海口得胜沙路开设的商行和分布在各县的十三个办事处，大量收集情报。他和他的三个儿子都能说流利的海南话。在日军侵琼之前，几乎所有到海南来调查的日方人员，都与他们有过接触。一些日本资料中甚至把胜间田善作称为“海南岛之王”和“海南岛之主”。1938年，胜间田家族一度离开海南岛。

日军侵占广州后，胜间田善作到广州向日方介绍海南的情况；日军侵琼时，他还和日本海军一起行动，1939年2月10日随海军陆战队进入海口。他的二儿子胜间田政胜主动提出从军，以自己对海南岛的了解，随军侵占海口；三子胜间田义久也随日军在澄迈湾登陆。

日军对那大附近有丰富的锡矿资源

琼崖独立总队出发袭击敌人

和琼侨种植的橡胶林垂涎已久。那大是琼西重镇，日军占领儋县后，军部就设在那大。日军在占领儋县的几年里，掠夺性开采那大的锡矿、屯昌的水晶矿和昌江石碌的铁矿等资源。日军还由于食糖紧缺，强迫中和地区的老百姓种植甘蔗，用于榨糖。日军在儋县施行各种手段，加快实施其掠夺资源计划。

黑岭响起枪声

眼看日军横行家园，儋县儿女同仇敌忾。家在长坡翰苑村（今属东成镇）的王焕，变卖家产，组织了一支抗日队伍，后被国民党委任为儋县游击指挥部副总指挥。1939年5月19日，儋县国民党王茂华的第三游击大队和王焕的第四游击大队，以及各乡游击中队五百多人，交由王焕统领。经过多次侦察之后，王焕发现日军经常往来于新州和那大之间，每次必经黑岭，于是决定在黑岭一带埋伏下来，正面抗击日军。

得知王焕的行动计划后，中共党组织派出了谢凤安、谢宝辉和王怡亭（王焕堂弟）等党员骨干，到王焕的部队担任政训员、文书和中队长等职。正在儋县活动的琼崖独立总队第三大队，在大队长马白山、队副符英华的带领下，也决定配合这次行动。

5月21日一大早，王焕的部队和马白山的队伍便在黑岭设下埋伏。

上午10时许，日军十二辆军车从洛基方向驶来，进入埋伏圈时，看到公路被毁，便紧急刹车。国共两支队伍趁此机会，居高临下，猛烈开火；日军准备组织火力反击，但为时已晚。不久，日

黑岭伏击战遗址

军援兵赶到，他们纷纷跳下战车，攻击我方，战斗力很强。敌人是正规军，而我方兵马更多是临时招募的民众，抗日武装考虑到敌强我弱，不便硬对硬，于是主动撤出战斗，往西南方向的高山深谷转移。

这次战斗，抗日武装击毁了日军军车九辆，击毙日军十二人，伤二十余人；我方指战员吴寿均、吴定贤、符筹、女班长符彩英和陈以德等十八人牺牲，五人不同程度地受伤。

黑岭伏击战，虽然规模不大，但它吹响了儋县乃至琼岛西部抗日的号角。在海南岛抗日史上画下了重重的一笔。

（本文选自《海南日报》）

重庆之鹰

——抗战时期的空中保卫战

文 / 杨耀健

广阳坝是长江流域内的第二大岛，距离重庆城约十五公里。1929 年，四川军阀刘湘在这里修建起西南第一座飞机场，组建空军，投入军阀混战。1933 年，虽在市区建成珊瑚坝机场，但只用来起降民航机，军用飞机仍使用广阳坝机场。

抗战爆发，川军飞机亦调往前线，广阳坝机场空空荡荡。即便如此，日军仍然前来轰炸。1938 年 2 月 18 日早上，九架日机沿长江首次奔袭重庆，在广阳坝汽船码头、机场右前方、莲池湾无线电台、陈家小学一带投弹多枚，炸伤三人，炸毁房屋三幢。

3 月 16 日上午，两架中国空军的“马丁”式轰炸机降落在广阳坝机场。飞机上走下十二名机组人员，其中有空军第十四大队大队长徐焕升和美国机师埃尔文。

中国空军的最高指挥机关航空委员会为表明抗战决心、宣扬国威，决定派飞机前往日本本土。但不是去投炸弹，而是去散发传单，警醒日本国民。因越海航线遥远，特意从残存的四架“马

重庆空军抗战纪念园中的空军坟

新華日報　中華民國二十七年五月二十一日

為喚醒敵寇鐵蹄下民衆

我神勇空軍征日創偉舉

長崎佐世保傳單飛舞驚破敵膽魂

我為維護人道免傷無辜並未投彈

警告殘暴敵寇萬噸炸彈隨時可至

越海東征誥誡敵國

空軍英雄攜往日本散發傳單之摘錄

告日本國民書（一）

告日本工人書（二）

当时《新华日报》报道徐焕升的文章

丁”轰炸机中抽调出一半，担负此项任务。又因武汉离前线已近，故而将飞机移到大后方进行训练。航委会下达的命令是只许成功，不许失败。由于保密原因，机组到达重庆后，解聘了美国机师埃尔文。

徐焕升是中央航空学校第一期毕业生，曾赴德国、意大利深造，且有丰富的训练及作战经验。针对日本海岸线长、山脉多的特点，他制定了详细的训练计划。这种高级轰炸机，除徐焕升会驾驶外，其他中国机师尚不能胜任。为此，他请将笕桥中央航校第三期毕业生佟彦博调来重庆，一同合作。

1938年5月徐州失守，日军主力第二军、第十一军移向华中，合围武汉，形势更加危急。蒋介石自武汉亲临重庆，召集空军各单位主管举行第一次空军军事会议，改组航空委员会，自兼航委会委员长，下设委员宋子文、孔祥熙、何应钦、白崇禧、陈诚等人，并任周至柔为主任。会议决定，为警示日本，跨海行动须尽快进行。

5月19日，徐焕升和佟彦博二人各驾驶一架“马丁”轰炸机从重庆起飞，经由汉口时降落。弹舱内装载着十万份中国各界民众书写的传单。

午夜24时，“马丁”轰炸机飞到浙江宁波机场，再次降落加油。“马丁”轰炸机又起飞后，直指日本列岛。徐焕升驾机在前，佟彦博驾机在后。机舱里，机组人员解开一捆捆印刷品，作好了散发的准备。

凌晨2时许，中国轰炸机飞抵日本长崎市上空。长崎没有实行灯火管制，所有的路灯全都亮着，地面目标一清二楚。中国空军轰炸机在长崎散发传单完毕，又向北飞经久留米，到达福冈上空，散发了最后一批宣传品。

中国战机平安返航。日本领空有史以来第一次遭到外国飞机的袭击，这次行动极大地打击了日军的嚣张气焰，极大鼓舞了民众持久抗战的斗志。

拱卫陪都重庆

1938年10月，武汉失守，国民政府军事机关亦迁到重庆，重庆成为抗战中心，但也成为日军空袭的主要目标。同年12月，日本天皇向侵华日军下达“大陆令第241号”，命令向重庆发起“航空进攻作战”。为此，日军扩建和新建了武汉、运城、仓头等空军基地，集中三百二十一架飞机，对重庆进行大轰炸。

为拱卫战时陪都，1939年春，原避往成都休整的空军第四大队将士主动请战，要求移驻重庆。大队长董明德撰写了请战书，呈送航委会，得到批准。于是，全大队移师广阳坝机场。

第四大队是中国空军的劲旅，此前已击落敌机八十余架，为纪念以身殉国的首任大队长高志航，第四大队又名“志航大队”。飞行员大部分都经历过扬州、杭州、南京、汉口等地的战斗，可以说是身经百战。早在南京会战时，日本海军航空兵曾多次出动大编队，与第四大队进行决战，企图彻底歼灭中国空军王牌，结果却损兵折将，无功而返。在其他大队早已残缺不全的时候，航空委员会给予第四大队满额编制，下辖三个中队，配属二十七架战机，均为苏制伊-16、伊-152型。后又补充一个中队。

第四大队的将士每人都写下了遗嘱，交托了后事。他们上阵前都检查防身用的手枪，打算万一迫降在敌占区，就留一颗子弹给自己。宿舍里经常谈论的是如何迫降。大家都知道祖国非常贫穷，进口一架飞机要花许多外汇，如果能将负伤的飞机开回来，打日本兵还有本钱。即便失控坠毁，摔坏的飞机还可以拆卸几个零部件，拼拼凑凑继续使用。

1939年1月，日军开始实施“航空进攻作战”，派出飞机试探虚实。2月到4月，因重庆处于雾季，能见度低，敌机未出动。5月3日至4日，日本海军航空兵连续出动机群轰炸重庆，炸死市民近四千人、炸伤二千三百多人，主城区一片火海，繁华市井顿成废墟。此后数月，空袭警报不断，民众流离失所。

日军的暴行激起“志航大队”官兵的满腔怒火，每次敌机来袭，他们都驾机升空，迎击强敌。

大队长董明德身先士卒，冲锋在前。5月4日下午2时过半，接到部署在长江沿岸的对空监视哨报告，得知日机二十七架飞往重庆，已到长寿县上空，他立即下令迎战，全大队战机在三千米左右上空，以逸待劳。待敌机出现，我军战机奋勇出击，穿插在日军96式机群中。董明德首先击落一架敌机，副大队长郑少愚率队扑向敌机群一阵猛烈齐击，敌机一架坠落。其他战机也各有斩获。是役，我军击落及击伤敌机各两架。

印尼华侨籍飞行员梁添成战果累累，时年二十六岁。在“五四”“五一二”“五二五”空战中，他总是升空迎战，每次都有一架、半架（与战友合击）的战果。

6月11日黄昏，又有二十架敌机来袭。这一天本不该梁添成值班，可是他一听敌机来袭的消息就跳了起来，跑到飞机边跨进座舱。战友跑去劝他下机，他只说：“我这口气未消，今天如果打不下敌人，我无颜见人。”

梁添成升空之后发现了敌机，追上去不停射击，最终击中一架敌机，同时，他的飞机也坠毁了。

飞行员柳哲生勤学苦练，驾驶苏制

伊-16战斗机得心应手，尤其擅长俯冲攻击，创造了击落敌机十一架的奇迹。

郑少愚的僚机驾驶员周志开是一员猛将，舍生忘死，拼命拦截敌机。在一次战斗结束后，地勤人员发现他的机身上竟然有九十九个弹孔。宋美龄在空军座谈会上关切地问起此事，周志开轻描淡写地回答说："飞机擦破几块皮，小事情。"

血洒长空

1940年5月，侵华日军制订"101号作战"计划，调集飞机数百架，以重庆、成都为主要目标进行攻击，为期三个月。在这次行动中，日军配置了最新研制的零式战斗机，其性能远远超过中国空军拥有的苏制、美制飞机。

5月18日，五十四架日机袭渝，拉开了"101号作战"序幕，首先轰炸广阳坝、白市驿、梁山机场，企图消灭我军抵抗力量。此后数月不停顿轰炸，有时一天出动上百架次，如8月19日、20日，共出动二百八十九架飞机轰炸重庆。此时，第四大队大队长董明德因训练受伤，由郑少愚继任。在强敌压境的情况下，他采取游击战术迷惑敌人，不时转场，并伺机反击。因日机从湖北等地起飞，经过长途飞行油料有限，到达重庆投弹后即要返航，此时我军趁势进攻，边打边追。

据重庆《新华日报》的报道，5月21日夜，我空军击落敌机一架。重庆《国民公报》报道，5月22日我空军击伤敌机两架。5月26日，空军及高炮击落日机两架、击伤一架。5月30日击落一架。6月10日，日机一百二十六架来袭，我空军前往拦击，击落一架。6月12日，日军分三波轰炸重庆，第一波五十四架、第二波二十七架、第三波五十四架。郑少愚率队迎战，击落日军96式攻击机三架，击伤多架。7月，击落日机十二架，一架敌机残骸被老百姓抬到市区示众。

然而，日本具有生产战斗机、鱼雷机、俯冲轰炸机、远程轰炸机的能力，月产量在五百架以上。中国不能制造飞机，连燃油也依赖进口，损失一架就少一架，空战的优劣一目了然。尽管如此，中国空军将士的士气却空前高涨，争先恐后奋勇杀敌。中国民众积极支援抗战，在重庆新建成了九龙坡机场，白市驿、大中坝机场也正在建设中。

8月，航空委员会加调第三大队到重庆，协助空防，迫使日军派出歼击机护航，开始使用零式战斗机。

9月13日，日本海军航空兵三十六架轰炸机在十三架零式战斗机护航下空袭重庆，中国空军第三大队、第四大队起飞三十四架迎战。按原有老战术，待敌轰炸机返航时出击，双方在重庆以西璧山上空遭遇。

恶战中发现，我军飞机完全不敌零式战斗机，只有招架之功，没有还手之力。高又新和司徒坚被重重包围，形势危急。郑少愚放弃个人立功机会，单枪匹马冲进重围，杀开一条血路，率领高又新和司徒坚脱险。此时，郑少愚战机已经弹痕累累。高又新和司徒坚被救出后，各找目标厮杀。司徒坚被零式敌机高空俯射后中弹，不幸阵亡。陈盛馨座机被打伤八十七处，操纵器失灵，左手也被击伤，但他仍坚定沉着，竭力还击，最终驾机脱险。

半小时之内，我军被击落十三架、迫降十一架，剩余十架撤退到川中遂宁

徐焕升赴日完成“空袭”任务后，返回祖国向迎接人群挥手致意

驻广阳坝机场的中国空军第四大队，曾拼死保卫重庆

机场。

作战中，飞行员杨梦青等十人阵亡，郑少愚等八人负伤。空战结束后，璧山县民团前往搜寻，到晚间22时寻获烈士遗骸，清洗后以白布包裹，并赶制了十口棺材装殓。次日，璧山县军民及空军代表举行公祭，为提防日本间谍探知我军实际损失情况，仅载棺木四具前往会场。15日晚全体烈士遗骸移往南山山麓，埋葬在1938年冬季修建的"空军坟"中。

飞行员徐吉骧回忆说："直至半年后才知当时遇到的是什么飞机。我军的俄制飞机和零式机一接触，就知我机的性能及马力及灵活度都比日机差太多了，虽知是如此，我们依旧奋战不肯脱离战场，我见到我方的战机一架架坠落，也有人跳伞。"

飞行员张光明回忆说："得知众多队友牺牲，大家难过得连晚饭也不想吃，一门心思想要报仇。"

被抢救到重庆黄山空军医院医治的大队长郑少愚得知消息后，不顾身上有伤，挣扎着要下病床，要求马上出院重返战场。经医护人员劝阻，他在病床上号啕痛哭着说："我对不起弟兄们！我发誓，血债要用血来偿，不消灭仇敌我死不瞑目！"

重振雄风

"九一三"空战使中国空军元气大伤，难以作战。航空委员会先任命刘宗武代理大队长，后委任赖逊岩为大队长。又从苏联买进一批战斗机，补充第四大队实力。

飞行员拼死保卫飞机，被击伤或在座机发生故障时放弃跳伞，拼命驾机开回基地以图修复。不少飞行员就是因卫机而死的。如莫仲荣在从梁山赴安康途中因飞机故障，迫降龙王庙失事殉职。第五大队副中队长梁鸿云、第六大队飞行员黄文模、高漠等人都是在身负重伤的情况下忍痛迫降或返航，虽然保住了飞机，自己却因失血过多而亡。其中高漠在一度清醒后，第一件事竟是汇报战斗经过。最为悲壮的要数曾击落八架敌机的王牌飞行员袁葆康，他在起落架被敌人击坏的情况下，仍然坚持迫降，结果机毁人亡。

然而在数量、质量均不如日军的情况下，空军已无法阻止敌机对重庆的轰炸。

1941年日军密谋发动太平洋战争，急欲瓦解中国军民斗志，继续猛烈轰炸大后方。5月至9月，更采取"疲劳轰炸"战术，日夜来袭。据《国民公报》的报道，1941年日机空袭最为严酷，共计空袭四十七次，出动两千五百六十七架次，平均每次超过五十架次，如入无人之境。

1941年4月13日，苏联与日本签订互不侵犯条约，苏联开始撤回志愿航空队。6月苏德战争爆发，苏联航空志愿队全部撤离中国，中方无法再得到任何援助。斯时美、英列强坐视远东战火置若罔闻。为保存有限的实力，航空委员会命令空军不时转移。

太平洋战争爆发后，中国空军在1942年新增飞机二百七十五架，重振雄风，与美国盟军"飞虎队"并肩作战。一位飞行员在打油诗中写道："老子等了好久想要报仇，今天时机已到，奉陪你在天上交手，见面就要咬你一口！"

1942年中，日军忙于太平洋作战，虽数次派侦察机前往重庆，半道上即被驱逐。

1943年5月，中国空军及美国盟军猛攻汉口、沙市、宜昌等地，击落日机四十一架、炸毁日机六架，破坏敌机场五处。6月6日，我军以IMO机十三架，由继任第四大队大队长李向阳率领，向聂家河之敌进攻。退航途中在梁山机场降落加油时，多架日机侵入机场上空投弹。中队长周志开单机抢先冒险起飞，冲向日机群，左右开弓，一人击落敌轰炸机三架、击伤多架，创造空战新纪录。

8月23日，日机二十七架前来投弹，我军出击，一举击落两架，击伤多架，其余敌机作鸟兽散。这是日军对重庆最后一次空袭。

11月下旬至1944年2月，中国空军以第一、二、三、四、十一大队及中美混合团、美国十四航空队，连续出击，击落日机三十九架、击伤十七架，在地面击毁十二架，予敌重创。

第四大队还先后参加中原会战、长衡会战、豫西鄂北会战，创造了辉煌的战绩。

到抗战末期，哪里有日军航空兵，哪里就是中国空军争先恐后进攻的目标。侵华日军总司令冈村宁次哀叹：“敌机如此猖狂，皇军几乎束手无策。”

中央航校一期至六期前后，上自大队长、教官，下至刚毕业的学员，前仆后继，视死如归。在激烈的空战中，四期前后学员几乎全数阵亡。仅以第四大队而言，就有高志航、王天祥、李桂丹、郑少愚四任大队长捐躯成仁。

1946年4月，在国民政府还都南京的前夕，航空委员会主任周至柔一行，专程到位于长房子放牛坪的空军抗战烈士陵园祭奠。肃立两旁的空军将士，和着军乐队的演奏，齐声唱起《空军军歌》。在场的重庆各界民众，不少人都悄悄抹起了眼泪。

（本文选自《纵横》2010年第八期）

徐焕升上尉的座机——1403号马丁轰炸机

传奇英雄孙二富

文/申承银

全国解放以前，在江苏沿海活跃着一支由中国共产党绝对领导的海上武装。从1941年起到1948年底，这支队伍不断发展壮大，由最初的海防团扩充到海防纵队，再到壮大的海防总队。其间，组织或参加了数十次海上战斗，令日伪军、蒋匪军闻风丧胆；这支武装还以运输民用物资作掩护，源源不断地为苏中根据地运输药品、汽油、枪支弹药、无缝钢管等重要的军需物资。这支队伍的创始人之一——孙二富的传奇故事在苏中沿海地区更是家喻户晓、妇孺皆知。

孙二富

渔家苦娃

孙二富，又名孙仲明、孙二虎。1908年出生于江苏省东台县弶港镇的一个渔民家庭，家境贫寒。父亲孙一俊在他很小的时候就离他而去，母亲带着他改嫁。继父长年生病，母亲整日劳作，生活仍然是那么清苦。孙二富六七岁的时候见别人出海挣钱，也提出要去赶小海（退潮后在浅海捞些海货）挣钱。海边的人都知道，赶小海很危险，只有识得潮汛，在涨潮之前往回赶才能避免危险，等看到潮水，想跑就来不及了，许多赶小海的人都因此丧命。母亲和继父怕他年纪太小，不放心。倔强的孙二富说跟着大人一起去，别人跑得出来他也能跑得出来。孙二富再三恳求，父母也想不到更好的办法维持生计，只好同意了。从此孙二富每天天不亮就起床，搬个小板凳站在灶台旁往锅里放水加粮，“呼哧、呼哧”拉风箱，慌忙喝过半生半熟的粥就坐在门口等待大人们一起去赶海。每天捞到点鱼、虾什么的就拿到市场去换点玉米面回来，多少还能为家里减轻一点负担。觉得自己能为家里挣钱了，孙二富心里很高兴，越发干得起劲，左邻右舍无不夸奖孙二富从小就懂事。孙二富就这样开始养家了。孙二富十四岁那年，父母为了让他学到更多的本领，送他到渔船上去当帮工（最低级别的海员）。虽然工钱很少，但从此孙二富不仅能吃饱饭，还有了固定的工作，也有了学习和施展能力的地方。每当收工后，他最高兴的事就是唱小调、爬桅杆和潜水。

渐渐地，孙二富不仅学会了出海打鱼的本领，还学会了钩蛏（钩蛏是海里最有技术的活计，赚钱多），练就了过硬的潜水本领。更让人惊叹的是他发明了好多船上用具。如钩蛏用的钩子历来只有一个钩，他研究出了两个钩到三四个钩，大大提高了捕捞速度，家里的生活也随之得到了改善，尽管年龄不大却得到大家的敬佩。因为小有名气了，有些家长就把孩子送到他那里拜师学技术。那时候，徒弟向师傅交学费也只是给点茶食，给点玉米面或给点花生果之类的东西就可以了，因为大家都是穷人，穷帮穷而已。

有一个叫吴道生的船主见孙二富年轻能干，便请孙二富到他的船上去当“船老大（船长）”。于是，年仅十七岁的孙二富带着徒弟们独当一面，开始施展他从小练就的海上本领，能够很好地奉养家人了。这么小的“船老大”在苏中沿海地区是绝无仅有的。

海上霸主

孙二富的本领非同凡响，人称“海里蛟龙”。他能蹦船，在惊涛骇浪里，无论船开得多快，他甩一根绳子搭到别人船上，一蹦就过去了；他枪法很准，海上战斗的时候，敌船上面拉帆的滑轮，他不用瞄准，手一挥，枪响滑轮碎，帆就落下来了，船就走不了了；他对苏中沿海一带的地理与海况了如指掌，海上航行的时候，他睡在船舱里耳听海浪击打船身的声音，就知道到了哪一段海面；他力大无比，当时渔船上最小的锚大约有两百斤，他一只手便举了起来。他潜水的本领更是超人。一次，孙二富一个猛子扎下去就不见了，大家在船上焦急地等待，以为他出了什么问题，准备去救助的时候，孙二富却从很远的地方冒出头来向船上的人打招呼，这就是所谓的“海底行走”。据说练就这种功夫不仅要有雄健的体魄和足够的意志、坚忍的耐力，还要有与生俱来对水的驾驭能力，在水中能够灵巧运动，不是一般人能练成功的。

孙二富精通海性，熟悉沙头、港汊，尤其对一些活沙浅滩了如指掌。为了更好地抵御外来侵略，维持地方治安，孙二富牵头成立“海上自卫队”，自任队长。自卫队的经费来源一开始由各家船主以赞助形式出，但每家的赞助多少不均，有的船主确实拿不出钱来，所以经费成了自卫队的问题。大家出主意说，既然是咱自己的自卫队，不如用“放旗子”的方式，就是渔船出海时向自卫队买小旗子，上面有自卫队的标识，有了这面小旗子出海打鱼就可以受到自卫队的保护。这样一来，自卫队有了收入，可以招兵买马，扩大队伍；渔民们也就可以安心出海了。当时，自卫队真正起到了保护渔民的作用，以至于一些赶小海的渔民也纷纷去买旗子。

海上自卫队有严格的纪律和公平的分配制度。有了收入之后，孙二富首先考虑的是买武器，如枪、子弹等，剩下的钱才能分配。自卫队收入分配实行的是绝对的平均主义，队长、副队长与自卫队队员们的“薪水”一样多，大家同样清贫。再加上大家有共同目标，即打击海匪，保卫家园，所以队伍团结，战斗力强。

抗战前夕，北方曾有一股海匪来到弶港一带抢劫作恶，孙二富亲自驾船迎敌。当发现海匪有十余艘船的兵力后，他觉得只能智取，不能强攻。于是，他凭着娴熟的驾船技艺和渊博的水文知识，与匪船捉迷藏。先是将敌船从浅水引向深水，又从深水引往活沙浅滩。经过几个回合，敌方船队战线拉长，相互不能照应，有的晕头转向不知东西南北，有的搁浅翻船不能动弹。孙二富带领自卫队将匪船一一击破，击毙海匪十多名，缴获匪船一艘。这次战斗之后，他的名声大振，前来投靠他的人很多，加上他好讲义气，顽强勇猛，在两三年里便聚集有三四百人。在船老板吴道生的撮合与支持下，其他几股武装也加盟联合组成“弶港自卫队”，孙二富被推举任队长，力量更加壮大，成为当时苏中沿海地区最具机动能力的武装力量。渔民们视为“海上霸主”。

浴火重生

就在孙二富名头响亮、被称为海上霸主之时。1939年3月，一支日军乘二十多艘汽艇，在海军第四舰队掩护下，从位于陈家港蟒牛村的灌河口登陆。由于我国长期有海无防，日军轻易地侵入江北腹地，在我千里海疆自由来去，成为国人的奇耻大辱。1941年3月，遵照党中央关于“背靠大海，发展抗日根据地”“团结一切可以团结的力量，共同抗日”的指示，新四军一师师长粟裕在上级指示下决定组建海上部队，把与敌人的争夺扩展到海上。领衔组建海上部队的是新四军苏中四分区司令员陶勇。

陶勇司令员对苏中沿海几支地方武装作了一番调查研究，了解到孙二富出身贫苦，熟悉海性，海上作战经验丰富。虽然帮会习气浓，好讲义气，但还有一些民族气节，在旧社会里没有复杂的政治背景，是有可能争取教育过来的对象。于是，陶勇同志作出了争取孙二富、建立新四军“土”海军的决策。一次，孙二富在陆上骚扰我苏中根据地被新四军设计捉住押往掘港旅部见陶勇司令。陶勇司令先是让警卫员给孙二富松了绑，接着对他说：“听说你是船老大出身，从小也是靠打鱼维持生活的，后来才为非作歹，做了海霸子（如东方言，即海盗）的头目。”他告诉孙二富，自己是安徽

东海舰队司令员陶勇

人，家里穷得三天两头揭不开锅，出来闹革命为是自己也是为更多的穷人翻身过好日子。陶勇司令员又动之以情、晓之以理教育孙二富：“国难当头，抗日人人有责，只有以民族大义为重与我军合作，一同走抗日的道路才是唯一的光明前途。”孙二富起初一脸惊恐，认定一死。后来，看到陶司令还给他倒茶，留他吃饭并特意加了几个菜，又听到陶司令亲切地跟自己讲一些抗日的道理，感

到陶司令和蔼可亲，深明大义，说话算数，十分令人钦佩。为报不杀之恩，他欣然答应回去后召集部队跟陶司令打日本兵。陶司令随即叫人把孙二富等人的驳壳枪还给了他，看到他的子弹很少，又从警卫员身上抽了一条“403”子弹送给他，并指示通知各部队不要阻拦，让孙二富等人返回环港一带海边。孙二富如同醍醐灌顶，回去后马上令人送来“学生帖子”，甘愿拜陶勇为师。以后不但不再骚扰我抗日根据地，而且实现了与我方信息的沟通。

这样又过了些日子，一次，孙二富见日军公然殴打码头工人，气愤之下，拔枪将其击毙，带着上百人和船只，投奔新四军，接受我军指挥。随后，孙二富部在主力配合下几次同日军交战，都取得了胜利。但遗憾的是，其部下一时积习难改，因多次违反军纪而受到整顿。看重江湖义气的孙二富一时想不开，趁陶勇到华中党校学习时，跑到掘港伪自卫常备团另寻出路了。

一时意气用事的孙二富“身在曹营心在汉”，骨子里的民族气节没有泯灭，看到伪自卫团为非作歹、鱼肉人民，他开始后悔当时的选择。就在此时，陶勇、姬鹏飞以民族大义为重，不计前嫌，又派人去做耐心细致的思想工作。1943 年春，孙二富率部数百人再次回到新四军根据地接受改编，并举家迁至如东县栟茶镇居住，改名孙仲明，以示跟共产党、新四军革命到底的决心。

1943 年 6 月下旬，陶勇司令员派袁士进同志到孙部任作战参谋，7 月 3 日，又派柴加奎和陈尔胜同志去做政治工作。孙二富按照司令部要求对部队进行组织整编，将四个连合并为一个连，由他的亲信安维高任连长，陈尔胜任政治指导员；将警卫排扩编为一个连，陶勇司令员调给其两门八二迫击炮和两挺重机枪，派出沈宗洪同志任政治导员。柴加奎和陈尔胜同志在孙二富支持下培养骨干、发展党员，建立了党支部和战士俱乐部，组织土乐队活跃士兵政治文化生活，召开军民联欢大会密切军民关系，展开了生动活泼的思想政治工作。这些工作的逐步到位，孙二富觉得肩上的担子轻多了，他高兴得每天晚上让副官拉京胡伴他唱京戏，士兵们也适应了部队生活。1944 年，孙二富经柴加奎、何振声介绍光荣地加入了中国共产党。从此，这支部队在浴火重生的孙二富的领导下成为党绝对领导下的海上主力部队，越战越强，一直发展到四十八条船，一千多人。

屡立战功

关于孙二富指挥作战的智慧和能力在苏中地区家喻户晓。“丰利之战”就是他非常得意的一仗。当时驻扎在如东县丰利刘家园的分区司令部忽然得到情报，说是日军要以强大的兵力与我军抢夺丰利。陶勇司令员权衡了我军的兵力和所处的地形，考虑到驻军总部的安全之后，决定撤出丰利。孙二富知道后却提出由他来对付这些日军。由于他谙熟丰利地形和海上的情况，采用迂回作战方案，声东击西，使日军在海上晕头转向，一头钻进了我军设置的包围圈遭受灭顶之灾。孙二富手下有一猛士，也是与他从小练功的兄弟叫安维高，练得一手好枪法，所以每次作战都冲在最前沿，这次也不例外，一枪就把冲在最前面的日军指挥官击毙，其他日军纷纷作鸟兽散。原本准备放弃丰利的陶勇得到战报后也放弃了转移的打算。日军这一仗惨

败之后，很长时间都不敢到丰利来侵扰。

1944年春，海防纵队成立，陶勇、吉洛分别兼任司令、政委，吴福海任副司令，孙二富任副参谋长兼海防二团团长。从此，江苏沿海数百里海岸线和近海控制权都在我新四军掌握之中，打通了上海、浙江、江南、山东、盐阜等地的海上交通线，保护了苏中后方基地与渔盐民生产，多次粉碎了日伪军对我根据地的“扫荡”。

敌人恼羞成怒，7月上旬的一天，上千日伪军对海防纵队驻地如东何家灶进行三路合击。为掩护主力部队转移，吸引敌人注意力，孙二富率海防二团登船退到海上。第二天中午，日军从南通专门派了两架轰炸机在海防二团哨船上空投下数十颗炸弹，并用机枪反复扫射，机炮连最大的一艘船不幸被击中，有六人死伤。孙二富冒着枪林弹雨冲在最前头，号召大家“不畏强敌，突破重围”。在他的号召下，战士们奋勇杀敌，最后全部安全转移到东台弶港海面，在主力部队接应下安全脱险。为此，孙二富和他的海防二团得到上级嘉奖。

在党的旗帜下，孙二富率部驱日军、打海匪，在苏中沿海进行了大小数十次战斗，多次缴获日军运输船、击退（击沉）日军汽艇、歼灭日军官兵，威震黄海。日本东京的《潮日新闻》曾惊呼：“华东沿海从连云港起到上海止，有游移不定的新四军水兵，神出鬼没，难以侦察”。在战争最残酷最艰难的时期，新四军的兵工厂、后方医院、军需被服等物资，就是靠海防团的大船，在茫茫黄海上隐蔽坚持下来的。孙二富率领海防团的干部战士为抗日战争的胜利作出了巨大的贡献。

抗战结束以后，随着解放战争的节节胜利，人民解放军的力量不断增强，苏中海防纵队也升格为华中海防纵队，浙东海防大队、苏北盐阜海防大队也先后归华中海防纵队领导。1949年4月21日渡江战役开始，在南京以东长江下游一线以海防纵队汽艇大队为突击队，冲破敌人的江上防线首先渡江，为大部队渡江创造了有利条件。与此同时，训练大队指战员驾驶着木帆船奋力帮助陆军部队渡江，他们在船上当舵手，当骨干，冒着敌人的炮火往返长江两岸几十次，运送成千上万的陆军指战员过江。海防纵队为渡江战役和全国解放的胜利作出了重要的贡献。

渡江战役胜利后，海防纵队编入华东军区海军第一纵队，为全国解放和中华人民共和国海军培养了一大批亟需的人才和干部。

中华人民共和国成立初期，孙二富任中国人民解放军华东军区海防团团长，1953年经组织批准到泰州市休养，1956年1月英年早逝，安葬在泰州烈士陵园。

孙二富曲折战斗的一生，向世人倾诉了我苏中沿海贫苦渔民特殊的辛酸，反映了千千万万个像孙二富这样的英雄艰难探索追求光明的历程，体现了民族英雄气概和爱国主义精神。孙二富所率海防二团，实际就是新中国海军的前身。作为这位传奇英雄的故乡人，我们因为有这样的英雄而骄傲，同时，我们也更应该大力挖掘关于孙二富的历史资料，以丰富对广大人民群众特别是青少年进行爱国主义教育的宝典。

（本文选自中华魂网）

独胆英雄孤身闯美营

文/丁香乐

关于志愿军战斗英雄，人们一定会记得黄继光、邱少云等人，但周德高这个名字，却鲜有人知。

然而1950年的11月26日，正是这个当年三十六岁的志愿军战士在朝鲜清川江以南鱼龙浦，孤身插入有“世界王牌军”之称的美军第二师九团一营，一个人干掉三十多个敌人。随后，他被授予特等功，在军中赢得“独胆英雄”之誉，金日成元帅亲自为他授勋。当年，《人民日报》和全国所有大报都在显著位置登载过他的英雄事迹。

爬钢轨越过清川江

1950年，中国人民志愿军秘密跨过鸭绿江后，分东、西两线，以军、师为单位，对美国侵略军进行穿插迂回、分割包围，在运动中歼灭敌人。经过艰苦战斗，于当年11月初把美军从鸭绿江边赶到清川江以南，获得抗美援朝第一次战役的重大胜利。

11月26日，周德高所在部队被调到朝鲜清川江以北新兴洞火车站驻扎，秘密隐伏。白天，敌人的飞机在空中狂轰滥炸，我军则伪装坚守阵地，岿然不动。当天黄昏时，北风呼啸，清川江面已结上一层冰。天刚擦黑，江北岸上山岭、深谷及小山头上，突然出现了无数志愿军部队的队列，他们忍着零下二十摄氏度的严寒，闯过敌人的枪林弹雨强行渡江。

周德高所在第四十军一一八师三五三团一连组成尖刀班，由清川江大桥突袭敌人师部，直插敌人心脏。周德高随尖刀班摸黑来到江边，只见大桥被炸塌，但铁桥的铁轨没有全断，像绳索一样在半空歪歪扭扭地拉着。钢轨冰冷，拿手一摸就刺骨钻心地疼。怎么办？担任尖刀组组长的周德高一声令下，两名战友戴好粗线手套，一跃而上，三人用双腿夹着钢轨，顺着铁轨往对岸爬去。周德高从小爬树打柴，身手如猿猴般敏捷，爬在最前面，“噌噌”地领头跨过了清川江。

尖刀班扎进美军营

江对岸的美军白天狂轰滥炸，一到夜晚则吃喝玩乐，唱歌跳舞后钻进鸭绒被睡大觉。越过清川江时，南岸敌人岗哨已呼呼入睡。三两下干掉哨兵，尖刀

班继续前进，直插美二师九团一营。

美二师驻扎的鱼龙浦，是新兴洞通往军隅里的重要通道，三面环山，一面临江。江边，美军用三十多辆坦克组成活动地堡，又以远射程炮、重机枪构成严密的火力网。他们自认为万无一失。

尖刀连爬过清川江后兵分三路：一路攻占三二〇高地，一路攻打鱼龙浦火车站，一路强占鱼龙浦村庄。周德高带领的尖刀组任务是攻占三二〇高地。三二〇高地虽然仅三十多米高，但它是美军整个鱼龙浦地区指挥部所在。整个高地工事林立，沟壕、暗堡纵横，四处设有伏兵。

周德高趁着黑夜灯光，仔细观察了地形和工事，果断地决定，将自己班的四人化整为零，各自寻路摸索上山，占领敌军指挥部。尖刀班神不知鬼不觉地进入敌人前沿阵地。突然，寂静营地传出“哇哇”吼声，接着是“砰”的一声枪响。原来是尖刀班战士彭昌义摸索中掉进敌军战壕，踩在一个熟睡的美军头上。美国兵被惊醒后，开枪击中彭昌义。周德高几大步冲过去，抬手一枪，将吼叫的美国兵击毙。

骤然间，三二〇高地叫声、枪声连天，一片混乱。周德高趁着美军摸不着头脑的混乱之机，一边打枪，一边用英语高喊：“雷打磨石（缴枪不杀）！”“梭二弯斗（优待俘虏）！”疾步跑上了三二〇高地山顶，冲进了美军指挥所。

指挥所里的美军只听见枪声和吼声，就惊慌失措，抱头鼠窜，很快逃个精光。为扩大战果，周德高让两名受伤战友守住敌军指挥所，自己转头向山下追击。因为此时插入敌人阵地的我军各部都打响了战斗，无数照明弹升起，枪炮声响成一片，天空被染成血色。

孤身干掉美军三十余人

重新冲入阵地的周德高遇见班长。班长刚命令他快速拿下鱼龙浦时，一梭子弹打来，班长和副班长中弹倒下了。周德高一个俯身，一边拾起班长的枪，一边借着炮火红光向四周打量，发现铁道岔口那边有敌人活动。

周德高顺着铁道匍匐前进，右边三十米外的房里有美军冲出来扫射，密集的子弹打在他的四周，周德高身后战友相继受伤或牺牲，后续部队也严重受阻，根本上不来。周德高咬着牙，开始一个人对付一群敌人。

他纵身跃起，从侧翼贴近一节车皮，打出一梭子弹，敌人火力突然沉默了——事后根据美方资料得知，光这一梭子弹，就打死六个敌人。剩下的三个家伙钻过车皮，鼠窜而去。周德高一股劲猛追，足足撵了五百多米，然后上了一个山头。他又扫出一梭子弹，三个敌人立即散开，钻进三栋房屋躲了起来。

一会儿，几个敌人抠穿墙壁，把枪从砖缝中伸出来，瞄准周德高扫射。周举枪还击，从枪眼中击毙一人。这时，他的侧面出现一个黑影，周以为是敌人，一对暗号，竟是自己战友。他立即会同战友包抄上去，可那位战友一上去就牺牲了，周只好飞速接近另一敌人的枪眼，把冲锋枪口塞进去，扣动扳机。屋子里的枪声立即哑了。

周虽然夺下了这幢房屋，但第三个敌人却切断了他的退路，并企图反击三二〇高地。这时，周德高只剩下最后一匣子弹，而另外的敌人又潮水般涌来。他想：我要用这梭子弹干掉他们！在敌人距他十多米远时，他立即对准敌群扣

志愿军战士在朝鲜战场上奋力作战

志愿军运送弹药

1950 年 9 月，志愿军第四十军一一八师赴朝作战的全师团以上干部合影

动扳机，敌人又倒下几个……

就在这危急时刻，后续部队冲上来了，迅速打乱敌人，周德高也趁机汇入我军队伍，向溃逃敌人追击。次日凌晨5时多，鱼龙浦战斗全部胜利结束。号称“世界王牌军”的美二师九团一营被彻底消灭，七十余人被活捉。周德高带领的尖刀组攻占美军三二〇高地，为整个鱼龙浦战斗的胜利奠定了基础。他一人便独自占领了美军三间房屋和两个帐篷，打死、打伤美军三十余人。

独胆英雄铮铮铁汉

鱼龙浦一仗，有力地打击了美国侵略军不可一世的嚣张气焰，鼓舞了中国人民志愿军英勇士气，为志愿军大部队顺利渡过清川江扫清了障碍。

战斗结束后，志愿军部队召开三千多人的庆功大会，中国人民志愿军司令员兼政委彭德怀和朝鲜人民军总司令金日成元帅亲自参加。在庆功大会上，周德高被宣布荣立特等功，评为二级战斗英雄，授予中国人民志愿军“独胆英雄”称号。金日成元帅在会上亲自授予周德高勋章。

中国人民志愿军的英雄名单显示，当年特级英雄两名、一级英雄五十名、二级英雄二百八十六名，周德高名字排在第四十九位。

1953年7月，中国人民志愿军分期分批撤离朝鲜回国。周德高复员时，组织安排他到鞍山钢铁厂一车间任党支部书记。周德高思念故乡，要求回家乡当老百姓，复员回到长寿县供销合作社。不久，他调入长寿县煤建石油公司，担任看守员和保管员，1986年9月离休。

几十年来，周德高一直希望重返朝鲜，回到当年战斗过的地方看看。1991年10月，周德高参加中国人民志愿军赴朝访问团，终于重返朝鲜圆梦。

（本文选自《重庆晚报》）

戎马丹心　浴血天涯

文 / 胡续发

马白山将军

马白山将军戎马一生，功勋卓著：在军界担任领导职务44年，从大革命、土地革命、抗日战争、解放战争直至中华人民共和国成立后，他始终与琼崖三百万乡亲同生死共命运，为民族解放、人民自由鼓与呼；作为冯白驹的得力助手，从云龙改编后担任抗日独立队队副，到琼崖纵队的支队长、参谋长、副司令员，他勇谋兼具，带领军民浴血拼搏，壮大琼崖革命武装，敌人无不闻风丧胆……

白手起家的"西线王"

1938年12月5日，云龙改编后，琼崖抗日独立队只有三个中队共三百多人。三个月后，独立队扩编为独立总队，马白山任独立总队队副。为了扩充革命武装，壮大抗日队伍，马白山主动找到队长冯白驹，提出："琼崖西区是开展山地游击战的理想地方，是不是我到西区去，拉起一支队伍来？"考虑到马白山是澄迈人，曾在琼西一带工作过，对澄迈、儋县、临高、昌感等地区比较熟悉，冯白驹和特委同意了他的请求。

马白山曾在琼崖西部地区以教学为掩护，从事过六年的革命活动，个人威望和影响颇大。他来到琼崖西部地区后，依靠各县中共党组织，深入各区、乡，动员组织群众，经过短短两个月的努力，一支三百多人的武装就组建起来了，不久整编为琼崖独立总队第三大队。一年

后，第三大队扩充为第二支队，马白山任支队长。

1942年春，马白山奉命率领第二支队从琼西到东线，协同第一支队作战，取得琼文地区抗日反顽斗争的胜利，使琼文革命根据地进一步巩固。

但此时的琼西地区，由于第二支队东调，各县地方武装各自为战，在军事上没有统一建制的部队和领导机关，极不适应抗日斗争形势的发展。马白山又一次主动提出，到琼西建立一支新的支队的建议，得到琼崖特委的采纳，并委任其为第四支队支队长兼政委，负责组建工作。

“无军费、无枪支、无人，建立新的队伍谈何容易？”“好不容易把一支队伍带起来，何必再去建新的？”一些人的怀疑没有打消马白山的念头。不到一年时间，第四支队在他的努力下硬是拉出来了，成为一支建制齐备、兵员足额，拥有四个大队、十个中队和医疗队、军械厂，威震琼西、令敌胆寒的铁军。

就这样，琼崖纵队在琼东有第一、第二支队，琼西有第四支队，琼南有第三支队，抗日革命武装形成三足鼎立的态势。

渡海作战勇当引航人

1949年7月，一份来自北平的电报令琼崖军民感到无比光荣：党中央指定马白山为琼崖纵队、华南游击队代表，前往北平参加中国人民政治协商会议。

1950年春，参加全国第一届政协会议后，马白山奉命南下协助第四野战军十五兵团渡海作战解放海南。渡海作战采取“分批偷渡与积极准备大规模强渡，二者并重进行”的方针。部队第一批有两个加强营渡海登陆成功，十五兵团决定第二批组织两个加强团偷渡，其中四十军加强团决定在临高角一带登陆。

一个加强团渡海登陆能否成功，关系到整个解放海南岛战役的大局。马白山是琼崖纵队副司令员，十五兵团领导本来想让他随大部队渡海登陆，但他不顾个人安危，勇挑重担，主动向兵团副司令员兼四十军军长韩先楚提出随加强团渡海登陆作战的要求。他认为自己有着多年转战澄迈、临高、儋县地区的经验，对我军民情况、地形十分熟悉，在渡海途中如果发生意外或登陆后有困难时，可以相机协助指挥。经过马白山的再三坚持和慎重考虑，韩先楚终于同意马白山参加加强团的渡海作战指挥。

当年3月26日晚，加强团开始渡海。次日凌晨5时左右，四十军加强团预定登陆点临高角传来激烈的枪炮声，而船队正前方的海岸则是澄迈县境内。就在此时，敌侦察机从上空飞过。

船队是继续驶向预定登陆点，还是就近强行登陆的抉择摆在了指挥员刘振华的面前。马白山认为，尽量避免在白天与敌舰敌机进行海战。他建议，应趁雾大就近登陆，尽快上岸找到当地党组织再做打算。

刘振华采纳了他的建议，最终加强团以较小的代价成功登陆。多年后，刘振华将军忆及这件事时，还感慨地说，“要不是有马副司令员一起过海，后果很难想象”。

爱兵如子治军严明

“我是一名普通的警卫战士，得到支队长死里相救，真是感激不尽难以忘怀。”马白山的警卫员符振丰在回忆录中发出了来自内心深处的谢意。

令符振丰无法忘怀的，是抗战胜利

后国民党“清剿”时发生的一件事。由于长期处于紧张艰苦的斗争环境中，又缺乏营养，警卫战士们身心极度疲劳。一天上午，第四支队部准备宿营，支队长马白山派符振丰观察地形并放哨。接令后，符振丰迅速爬上一棵树，可是刚到树梢就突然头晕眼花四肢无力，从好几米高的树上掉了下来，不省人事。

一听说此事，马白山顾不上自己也极度疲倦的身体，和妻子唐玲、卫生员一道守在符振丰身边，为他按摩和擦拭药物。可是，由于伤势严重，符振丰没有好转的迹象。

唐玲忧虑地问丈夫：“还剩下两支急救针水，是否给他用上？”当时，斗争环境极端恶劣，药品奇缺。支队长马白山身上多处负伤，那两支珍贵的急救药是组织上特意安排给他备急用的。马白山还没等妻子说完，就命令卫生员：“马上给他用上，人都要死了，留着针水有啥用？”两支针水下去，符振丰慢慢苏醒过来。

这样爱兵如子的例子还有很多。但马白山治军严明，对部下的管教也特别严格。有一次，马白山的一员爱将、十分要好的战友，在作战时丢了一挺轻机枪。当时一挺机枪要用多少生命去换回来？一挺机枪的战斗力该有多大！马白山不留情面，把他的大队长职务给撤了。

如今，在澄迈县老城镇马村西面海边，澄迈县人民政府修建了马白山将军纪念园。纪念园里存放着马白山所著的《浴血天涯》。然而，这本不厚的回忆录怎么能容纳得下将军一生所取得的伟大功绩？就是偌大的纪念园似乎也囊括不了将军崇高的精神。唯有如将军生前所企盼的，让无数革命前辈的事迹一代代传颂下去，才能使得他们的功绩永存，精神不灭。

（本文选自《海南日报》）

位于澄迈马村的马白山纪念馆

六连岭：青山有幸埋忠骨

文/丁　静

凶残敌人淬炼出“六连精神”

六连岭脚下，乡间公路直通村落，路边菠萝蜜、龙眼等各色瓜果飘香，这片大山用它的泥土和清泉滋养出一片丰茂的山林。

1927年12月28日，万宁举行了声势浩大的武装大暴动。大新、赤源、崇宁等乡成立了红色政权——苏维埃政府，土地革命在六连岭脚下轰轰烈烈展开。1928年6月6日，万宁县苏维埃政府在六连岭加荣村成立，六连岭飘动着革命的红旗。

凶残的敌人绝不容许革命力量的存在，他们修炮楼、砍山林，穷尽各种办法，试图将六连岭上的红色火种彻底扑灭。

在国民党的“围剿”下，六连岭上的革命同志生活极端困难，几乎每天都有人死去。没有粮吃、没有衣穿，大家只能穿着用装米的麻袋做成的衣服，上山挖野菜，下河摸鱼虾。

1939年，日军从陵水入侵万宁，万宁沦陷。1943年，日军变本加厉地蚕食革命根据地，每天出动一千多人进行“围剿”，在六连岭周围修建了四十七座炮楼，实行“三光”政策，有七十多个村庄成为“无人村”。一时间，六连岭革命根据地腥风血雨。

六连村委会原本有三十六个村庄，到1952年统计，只剩下十七个村庄，有十九个村庄成了“无人村”。然而六连岭军民依然坚持革命斗争二十三年，这种精神就是“六连精神”，不怕苦、不怕死、不怕敌人，是六连岭的群山赋予了革命同志坚强的意志。

党和国家的卓越领导人董必武1957年视察海南时，被六连岭革命根据地军民前仆后继的精神深深打动，赋诗《万宁道中望六连岭》：

六连岭树红旗日，五指山防白匪时。
二十三年根据地，一心革命费坚持。

缺盐少药难不倒“红军医院”

1928年2月，六连岭上的红军向万宁县分界墟的国民党军队发起猛烈进攻，取得了重大胜利。战斗中，有些伤员危在旦夕。

当时，红军的医疗组织很不健全，有些连队连卫生员都没有。为了及时抢救和医治红军伤病员，中共琼崖特委决定，立即设立“红军医院”，并明确规定，医院必须在治疗伤病员的同时，加紧培训医护人员，为红军基层输送医护人才。

战火中，红军医院在六连岭建立起来。后来曾随部队番号改称为琼崖游击队医院、琼崖纵队第三支队医院，但指战员们仍然亲切地称呼它为“红军医院”。

红军医院成立之后，敌人就开始封山，山道、路口处处设防。敌人的层层封锁，使山上的红军与岭下接头的群众失去联系。当时情况紧急，敌人到处搜查，企图毁掉红军医院。

红军马上把原来在半山腰的医院搬到山顶上一个能容纳三四十名伤病员的石洞中。然而，接踵而至的是粮食、食盐短缺，伤员和医生护士半数以上都患了水肿病，旧病未愈又添新病。

一天，一位医生发现石头旁边有一丛茄冬草，想起中医老先生讲过茄冬叶的焦灰有咸味，可以当盐，于是就大胆一试。他将茄冬叶晒干烧焦后研成粉末代替食盐，煮野菜汤时撒上一把。过了一段时间，同志们的水肿病逐渐好转，野菜当粮食的生活很快就习惯了。

在漫长的艰苦岁月中，红军医院经历了药物奇缺的严峻考验，连碘酒等一些最普通的药品都没有。万幸的是六连岭山深林密，大自然为红军送来了药物，野生草药成为治病的主要药物，竹子制成的简单的医疗器械，使一批批伤病员得以康复，重上战场。

六连岭上的“红军妈”

1934 年初，国民党陈汉光部在六连岭周围的大群、上城、藤寨、上来坡等地建碉堡，加强对六连岭革命根据地的控制。他们把群众集中到上城、田头、藤寨三个聚居点，每个聚居点的出口都设一个栅栏，日夜派哨兵站岗防守，企图彻底切断六连岭红军与当地群众的联系，把红军困死在六连岭上。

当地群众总是想方设法，乘哨兵打瞌睡的机会，悄悄地派小孩将粮食、油盐等送到秘密联络点，第二天再由出去干活的群众把食物送上六连岭，送给红军。当地群众还冒着生命危险，化装成商贩，到和乐镇、中原镇等地为红军购买粮食、药品。

上城村的王树俊、许运源夫妇是六连岭革命根据地人民支持革命的杰出代表。王树俊参加红军后，他的妻子许运源把自己的家作为红军联络站，替来来往往的革命同志做饭、洗衣服、带路、放哨、送情报和照顾伤病员。后来，由于叛徒告密，他们家的房子被敌人烧毁。许运源又在六连岭脚下盖起一间茅草房，专门秘密接洽革命同志。然而不久，又被敌人发现且纵

琼崖第一个县级苏维埃政权——陵水苏维埃政府旧址

六连岭烈士纪念碑

六连岭烈士陵园

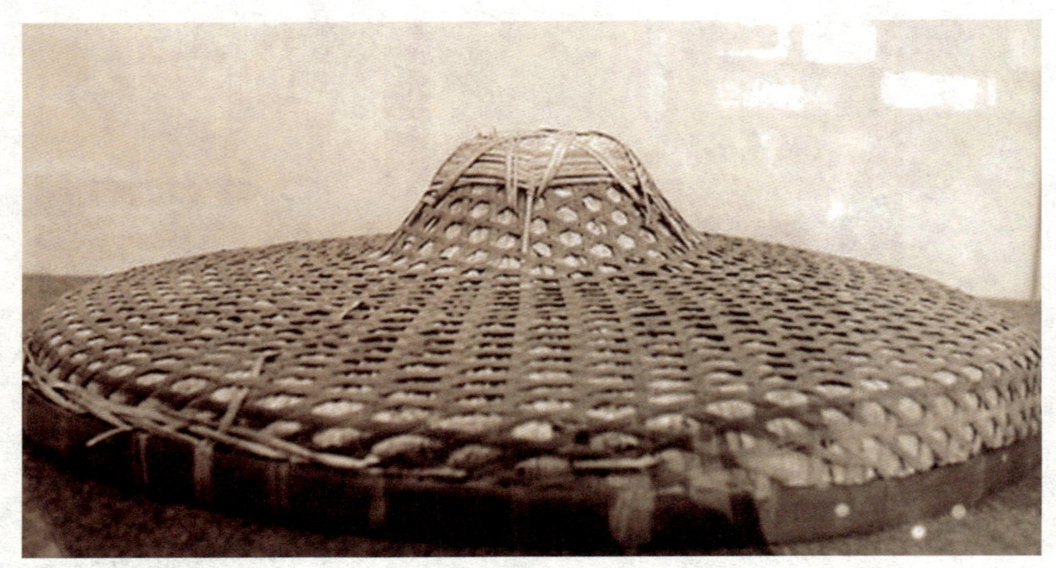

琼崖红军用过的斗笠

火烧了茅草房。

但不管敌人烧多少次，许运源就盖多少次，烧了又盖，再烧再盖……“树俊寮”成了红军联络站的代名词。

更令人动容的是，在艰难的岁月中，许运源还收养了许多红军烈士的遗孤，同志们都亲切地称她为六连岭上的“红军妈”。

“山不藏人，人藏人”，正是六连岭革命根据地的群众不遗余力地支援革命，才使六连岭上的红军没有被赶尽杀绝，六连岭上的红色火种历经二十三年而从未熄灭。

六连岭根据地的共产党员和革命群众，用自己的血与肉树立起一座无名的革命丰碑。革命烈士纪念碑上，面对六连岭一侧，刻有朱德题诗，歌颂这伟大的青山哺育出的英雄儿女：

六连岭上现彩云，竖起红旗革命军。

二十余年游击战，海南人民树功勋。

（本文选自中国共产党新闻网）

雷经天巧断烟锅案

文/敖海波　张远葆

雷经天

陕甘宁边区高等法院院长雷经天，身材魁梧，长眉毛，尽管待人态度和蔼，却给人一种威严的感觉。因其足智多谋，老百姓称他是“活包公雷青天”。

一天，他正在办公室看文件，两个农民吵吵嚷嚷来找他“打官司”。雷经天和颜悦色地从桌旁站起来，指着一条长板凳说：“请坐下来说！”还给他们各倒了一杯茶水。高个儿农民接过茶杯后说：“我路上遇见这个人，他说他没带烟袋，要借我的烟袋抽一抽，我就把烟锅借给他，谁知他一抽就爱上了，硬说这个烟锅是他丢的，你看天下有这个理吗？”那个年约四十的矮个儿农民狠狠瞪了高个儿一眼，忙走近雷经天说：“雷院长，这个烟锅是我的，我抽了七八年了，今天不小心丢了，他捡到了，我认出后，他不但不给我，还要赖。”高个儿说:“这真是老实人遇到了狐狸精，有理说不清。老百姓都说你雷经天比包公还公道，就请你公断公断。”

雷经天不动声色地看了看这两个人，便从高个儿手中接过烟锅，装上烟边抽边端详，只见烟锅是红玛瑙嘴子，一尺多长的紫红色杆儿，一作长的白铜烟锅头。尽管已经使用了多年，但是看得出由于主人爱护得好，不仅玛瑙嘴子晶莹闪烁，就是白铜烟锅头也明光闪亮，完好如初，一点也没有磕碰的痕迹。烟锅杆上还吊着一个绣花布袋。雷经天边看边思忖，看毕，瞅着这两位农民，淡淡地一笑说:“是个好家伙儿，起码值十来块银圆哩。”

雷经天抽完一锅烟，磕掉烟灰，又装上一锅，双手递给矮个儿，划了根火柴替他点上。

矮个儿抽完后，在手上轻轻地弹了几下，烟灰就被弹落了。

老雷要过烟锅，又装上烟，递给高个儿说:“你也抽一锅。”

高个儿接过烟锅，老雷照样给点上。他一边抽，一边笑眯眯地瞅着雷经天，似乎心里在盘算着什么。待烟抽完后，在石头炕楞上将烟灰“当一当一当”几下磕掉，又装上一锅，正准备递给雷经天，老雷却让他再抽一锅。他抽完第二锅，又是“当一当一当”几下磕掉烟灰，再装上一锅，恭恭敬敬地递给雷经天，老雷又递给矮个儿。

矮个儿见老雷只字不提断案一事，便面带愠色地说:“雷院长，咱是来请你断案的，不是要你装烟的。断得了，断不了，一句话！”

老雷不但不恼，反而哈哈大笑:“饭菜凉了不好吃，官司凉了照样打。来，再抽一锅烟，再说打官司。”

矮个儿有点生气，将手中衣服往肩上一搭，背转身蹲在地上。

老雷凑上前，双手递过烟锅，笑呵呵地说:“还是再抽一锅吧，瘾过足了，打官司也有精神。”

矮个儿一把扯过烟锅，闷着头连抽带喷抽完了一锅烟，照例在手上轻轻弹烟灰，烟灰没有弹尽，就站起来，抬起一只脚，在鞋底上轻轻磕了磕。老雷顺手接过烟锅，在空中一晃，对矮个儿说:“现在这个案子清楚了，烟锅是你的。给，拿去吧！”

矮个儿愣了，他呆呆地望着老雷，不知此话是否当真。

高个儿也愣了一下，气冲冲地说:“好一个雷经天，是烟锅上刻着他的名字，还是你和他沾亲带故？为什么不断案，就把烟锅给他？”

老雷收敛了笑容:“我与他一不沾亲，二不带故，烟锅上也未刻他的名字，但烟锅确实是他的。”接着，他又平缓而严肃地说:“你说你抽了十年，而你每抽一锅烟，就要在石头上磕一次，那烟锅头边沿不早就让你磕卷了？可你看，这烟锅除了你刚才磕下的一点窝窝外，还有磕碰的痕迹吗？不瞒你说，我抽第一锅烟时就注意到这一点了。”

高个儿语塞，匆匆溜走了。

矮个儿凝望着雷经天，好半晌才说出了一句话:“抽了几锅烟，你断好了一桩案，真不愧是雷青天啊！”

（本文选自《革命故事》）

人民给了我两次生命

口述/宋亚欣　整理/胡根喜

宋亚欣老人在讲述自己的故事

第一次负伤：半边山战斗中，脚跟被打掉一块肉

1945年的10月，根据国共两党重庆谈判达成的协议，中国共产党从大局考虑，苏南新四军的主力、地方部队和党政机关全部撤往长江以北，只留下少数人员组成武工队处理善后工作。这时，我（时任区委副书记）接到上级命令，要我兼任农委主任、句容县武工队党支部书记兼指导员。

这是一段艰难的岁月。茅山地区距离南京很近，又是新四军东进后开辟的第一个根据地，这就成了国民党的眼中钉、肉中刺。他们迫不及待地要拔掉这颗“钉子”。国民党首都卫戍区司令顾祝同和江苏省政府主席兼保安司令王懋功，先后下了十多道命令，要“限期肃清残匪，保障首都治安”。他们先后抽调了“五大王牌军”中的新六军和有着“王牌中的王牌”的七十四军（后整编为七十四师），以及三战区第四十九军、二十一军、青年军、内警纵队，再加上国民党专区、县保安团和区乡自卫队，一起向我根据地扑来。敌军所到之处，张贴告示，要我党员、干部、留守战士到指定地点办“自首手续”，同时还到处抓捕我党、政、军人员。国民党大军压境，残酷“清剿”，我溧水武工队队长、区长陈华平在战斗中不幸被抓，遭杀害。江宁武工队也只能流散在外围活动。

在严酷的形势下，有些没有随主力北撤而失散了的战士，产生了动摇，回乡隐蔽了起来；有的老百姓对新四军究竟还能不能再打回来，也产生了怀疑。为了稳定人心，打开坚持敌后武装斗争的局面，我时常冒着被国民党军抓捕的危险，趁夜间摸黑进村子，向老百姓宣传我军主动“北撤”的战略意义，向他们表达我军迟早是要打回来的决心；一家一家、一个一个地去寻找那些离开队伍的干部、战士，说服他们重新归队加入“武工队”，坚持敌后斗争。此外，我还要去找那些社会上的上层分子谈心，争取他们采取中立的态度；有时，我还得出其不意地闯进一些伪乡保长的家里，找他们谈话，让他们认清形势，不要和共产党作对，保护“抗属”。有时，我刚与人谈话就接到报警暗号，只得仓促撤离。一天夜里，我去茅山东麓的“半边山”，宿营做群众工作。没想到的是，我的行踪被一个顽固不化的伪保长察觉，他当即向国民党驻军七十四军告密。凌晨时分，敌军派出一支部队包围了上来。我们凭着老式枪支与全副美式装备的敌兵展开了激战，边打边向后山撤退。忽然，一颗飞来的流弹击中了我的脚，打飞了鞋子，也削去了脚跟上的一块肉。我光着脚忍痛在布满荆棘的山路上飞奔，顾不得棘刺扎进脚底板。眼看一群敌兵就要追赶上来了，这时山道上突然蹿出一个人，一把将我拉到山上一个烧木炭的窑洞里藏了起来。原来这是正在山上砍柴的当地农民郑先友。在躲过敌兵的搜捕后，那位农民又偷偷地摸进窑洞，给我送来了冷饭团，让我充饥。当天夜里，那位农民巧妙地躲过了敌人的监视，领着他的父亲推着一辆小车把我接下了山，藏到了家里，还用盐水给我的伤口消毒，又细心地一根一根地为我拔除了刺进脚底板肉里的几十根棘刺。接着，那位农民又为我包扎好伤口，还给我找了双鞋穿上。这一切，都让我感动不已。我在心里告诫自己：这辈子，我都要记住老百姓和我党我军的鱼水情。为了不连累那位农民兄弟，第二天夜里，我就告别了那位救命恩人，拄着拐棍去找队伍了。

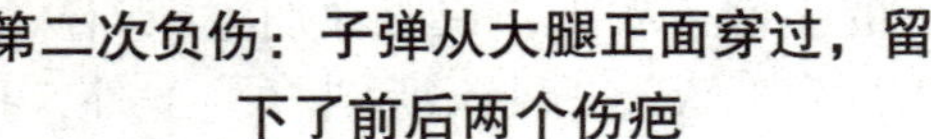

第二次负伤：子弹从大腿正面穿过，留下了前后两个伤疤

1947 年，解放区战场我军取得节节胜利，刘邓大军挺进大别山。国民党军为防止我解放大军渡江南下，加紧了对我江南敌后游击队的进攻。1947 年 10 月，国民党新七师和省、县保安团发动对我活动在宜兴、溧阳、广德边境地区游击部队的“清剿”。由于战斗的激烈和敌人的残暴，杨金荣等几名武工队员动摇逃跑。当时，我担任宜、溧、广区工委书记和武工队负责人，我带领几名队员去寻找他们，想说服他们归队。途中他们与敌“清剿”部队遭遇，在混战中，杨金荣开枪打穿了我的左腿，顿时血流如注。我在一名武工队员的搀扶下，拖着受伤的大腿，走了十多里路，来到溧阳戴埠镇附近的关家棚。关国臣老大爷不顾危险将我藏在家里。为了止住流血，关大爷在家里找了两块银洋（据说，银可以防感染）一前一后盖住伤口，又用布扎紧。在关家住了几天后，在地下党的帮助下，我被转移到离溧阳城七八里的一个叫党仁圩的村子里，隐藏疗伤。我住在农民管洪元的家里，并请村子里一位老中医给我治疗。这位老医生看了我的伤口后，说：“幸好子弹是从大腿动脉血管边穿过，不然的话，早就没救了。”老中医用盐水给我洗伤口，又敷上草药。管洪元一家生活困难，但自己却省吃俭用，日夜照料我，还冒着生命危险到县城去帮忙买药。就这样，我在管洪元家里疗养了一个多月，伤口渐渐地愈合了。至今我的大腿前后还留着两个铜钱大的伤疤。我常常动情地想：幸亏有这些老百姓的帮助，否则的话，就没有我的今天。

刘邓大军向大别山跃进

（本文由中国延安精神研究会供稿）